思いがふくらみ響きあう

子どもとつくる

子どもとつくる保育・年齢別シリーズ

2歳児保育

加藤繁美・神田英雄 監修
Kato Shigemi　Kanda Hideo

富田昌平 編著
Tomita Shohei

ひとなる書房 HITONARU SHOBO

もくじ　子どもとつくる2歳児保育———思いがふくらみ響きあう

序　　　喜びと希望を紡ぎあう保育実践の創造にむけて　加藤繁美　6

第Ⅰ部 2・3歳児の発達と保育の課題　13

第1章　2歳児ってなに？　15

❶ なんでもやりたがる2歳児——こんなに自分は「デキル」のに！　15
❷ 揺れ動く2歳児——依存しつつ自立したい　17
❸ ノリがよい2歳児——心が動けば体も動く　18

第2章　2歳児の心と体の発達　21

❶ 躍動する体を手に入れて　21
　1）「ペタペタ」から「タッタッ」へ　21
　2）手指の操作も巧みに　22
❷ イメージの世界の広がり　24
　1）「つもり」「見たて」でつながって　24
　2）一語文から二語文、多語文へ　26
　3）友だちとイメージを共有して　27
❸ 自分の思いをふくらませて　28
　1）「自分」と「他人」の発見　28
　2）自分で自分のことを語りはじめる　29
　3）プライドの発生　30
　4）誇り高き自分を確かめる　31
❹ 仲間を感じ、仲間とつながる　33
　1）自我と自我のぶつかり合い　33
　2）共感する力がつくる心地よい友だち関係　34
　3）ノリのよさと揺らぎやすさ　36

第3章　2歳児の発達を支える保育　39

❶ 受け止めて切り返す──安心できるおとなとの関係の中で自分を出す　39
　　1）「わかった」「いいよ」で受け止めよう　40
　　2）子どもにも保育者にも大切な「間」　41
　　3）集団保育ならではの悩みと強み　43
　　　　コラム1　一人ひとり違いを認めるなかで育ち合う　44
　　4）行きつ戻りつ、くり返し　46
　　　　コラム2　子どもたちでケンカを解決　48

❷ 友だちとのつながりあいを支える──ふくらんだ思いと思いが響きあう　49
　　1）押したり引いたりで育つたくましい自我　49
　　　　コラム3　じゅんばん①　守るためではなく仲間と楽しむため　50
　　　　コラム4　じゅんばん②「ぽーっとなったらかわりましょ♪」　52
　　2）友だちと一緒は楽しい　53

第4章　2歳児の保育実践で大切にしたいこと　56

❶「やってみたい！」思いが育つころ　56
　　1）2歳児にとっての「喜び」や「希望」とは　56
　　2）自我を受け止める実践から「みんなと一緒が楽しい」実践へ　57
❷ 2歳児保育で大切にしたい生活と経験の構造　59
　　1）子どもの中に「喜び」や「希望」を育てる保育実践　59
　　2）あこがれとやりたい思いを出発点に心地よい生活をつくる　60
　　3）探索と文化を心ゆくまで楽しみ想像の世界をふくらませる　61
　　4）一人ひとりの自我発達の物語にていねいに向き合う　65
❸ 2歳児クラスにおける計画と実践の豊かな関係　66

第Ⅱ部　2歳児クラスの実践の展開　69

第1章　どの子も安心できるクラスをつくる　71
「基本的・日常的生活活動」を豊かに

❶ 一人ひとりのあこがれの気持ちを大切にすすめる新しい環境への移行　71
　　実践　森岡美穂（岡山・岡山協立保育園）
　　コラム5　排泄の自立に向けて　82
❷ 赤ちゃん人形で「安心の世界」を　84
　　実践　中嶋里美（東京・荒川区立南千住保育園）
　　コラム6　安心できる楽しい食事の時間　90

第2章　**心満たされる文化と心揺さぶられる探索と**　92
　　「虚構と想像の世界」を花開かせる

❶ 心地よいリズムとお話でつながりあう　92
　　実践　庭山宜子（東京・荒川区立荒川さつき保育園）
❷ ゴリラが住みついた散歩道　100
　　実践　長谷川あや（埼玉・あかねの風保育園）
　　コラム7　2歳児クラスに人気の絵本　106

第3章　**仲間とともに育つ自我**　108
　　思いがふくらみ響きあう

❶ ちづるちゃんとももかちゃんの物語　108
　　実践　長谷川あや・児玉朝子（埼玉・あかねの風保育園）
❷ あそびの中で変わっていくのりこちゃんの物語　116
　　実践　平井由美（岡山・岡山市立神下保育園）
　　コラム8　2歳児クラスで楽しい造形活動　126

第Ⅲ部　2歳児クラスの保育をどうつくるか　131

第1章　**一人ひとりの物語とクラスの物語が響きあう保育計画づくり**　133

　❶ 2歳児の特徴をふまえた保育計画とは　133
　❷ 対話からはじめる保育計画づくり　134
　　　1）年間保育計画の柱を決める　134

2）「喜び」と「希望」を育てる保育の構造と保育計画　136
　　3）子どももおとなも「ゆったり」「のんびり」の生活をつくる　141
　　4）散歩を基本にワクワクドキドキの楽しいあそびをつくる　144
　　5）保育者のひらめきと子どもの思いが響きあう保育　145

第2章　書き続けることでわかること・変わること　147

❶ 保育計画の中の「あそび」　147
❷ 散歩とごっこあそびを楽しんだ一年を支えた保育日誌　149
　　1）とにかくできるだけ散歩に出かける　149
　　2）「少人数」の楽しさから「クラス全体」の楽しさへ　151
　　3）「自分」のイメージから「自分たち」のイメージへ　153
　　4）「本気」のこわさから「つもり」のこわさへ　157
　　5）くり返しじっくり遊ぶことで自信を深めて　161
　　6）子どもがキラリと光る瞬間　163
❸ 保育づくりの要としての記録　165
　　1）子ども理解を深め共有する　165
　　2）あそびの「気分」をタイムリーにとらえ実践につなげる　166

第3章　学び合い育ち合う保育者集団づくり　169

❶ 私たちの園の歴史や文化をどう伝えていくか　169
❷ 対話を通しての園づくり　171
　　1）話し合いの場をどのように保障するか　171
　　2）子どもの姿をどう見るか──事例検討会　172
　　3）保育者としての「私」をどう見るか──学習会　177
　　4）「私の保育」をどう見るか──保育観察　182
❸ 保育の未来に向けて　187

あとがき　190

序
喜びと希望を紡ぎあう
保育実践の創造
にむけて

1 新時代の保育実践を、子どもとともに

　時代が19世紀から20世紀へと変わろうとする世紀転換期、「20世紀に特徴を与えるのは次の新しい世代である」と喝破し、そんな思いを『児童の世紀』（小野寺信・小野寺百合子訳、冨山房）に認(したた)めたのは、スウェーデンの女性思想家エレン・ケイ（1846-1926）でした。

　もちろん、ケイだけではありません。「児童中心主義」をスローガンに掲げた「新教育運動」が世界を席巻していったのが20世紀初頭の出来事なら、20世紀後半には「子どもの最善の利益」を思想的核心にすえた「子どもの権利条約」を手に入れるところまで、「子どもの権利」を大切にする思想と実践は、20世紀を通して拡大し続けてきたのです。

　しかしながら、それと同時に、20世紀は戦争と紛争の世紀でした。戦争と紛争は、社会的弱者である子どもたちの生命を奪い、「権利」の入り口にも立てない子どもたちを、多く生み出すことになりました。

　また20世紀は、産業化の流れに牽引される形で拡大した、商品と消費の世紀でもありました。自然あふれる生活の中で、ゆっくりと人間へと成長してきた「人間化」の道筋を、商品と消費の価値に置き換えていった百年でもあったのです。

　と同時に、20世紀は学校の世紀でもありました。人間形成に「学校」が大きな位置を占めるようになり、乳幼児の発達も学校的価値に大きく影響を受けるようになってきました。

　深刻なのはこうした中、愛されながら発達するという、人間発達のもっとも基底に位置する権利を保障されないまま乳幼児期を過ごす子どもたちを、この時代が生み出していることです。

　本シリーズは、こうした時代に求められる保育実践を、子どもと保育者の相互主体的な

関係を基礎に創造しようという意図のもと、編集されています。シリーズを貫くコンセプトは「子どもとつくる」。年齢別に編まれたそれぞれの巻では、この時代が求める「子どもの声と権利」に根ざした保育実践の理論と実際を、発達課題に対応させながら整理しています。

❷ 「喜び」と「希望」を紡ぎあう保育実践の構造

1）子どもの中に「喜び」と「希望」を育てる3つの要素

　もっとも、一口に「子どもとつくる」と言っても、0歳児の保育実践と5歳児の保育実践とを同列に論ずることはできません。なんといっても乳幼児期は、「対話する主体」として子どもたちが成長・発達しつつある段階なのです。いくら「相互主体的関係」で保育実践を展開するといっても、実践の展開過程で、子どもと保育者が完全に対等な関係になるということなど、現実にはありえないことなのです。

　大切なのは、子どもたちを「対話する主体」へと育てる実践を、対話的関係を創造する営みの中で展開することです。つまり、子どもたちを「対話する主体」へと育てる道筋を構造的に整理し、それを保育計画と保育実践の基本視点と位置づけながら、実際の保育実践は、対話的関係に徹しながら柔軟に展開していく……。そんな実践を、発達課題に対応させながら展開していこうというのです。

　その場合、シリーズを通して大切にしたいと考えているのが、子どもの中に「喜び」と「希望」を育てる保育実践の姿です。それは、そもそも子どもたちが「喜び」と「希望」に向かって生きていく存在だという素朴な理由から描き出したものですが、それと同時に、そんな子どもの発達を保障する生活を、意識的・組織的に、しかしさりげなく創りだしていくことを時代の課題と考えたからに他なりません。

　本シリーズではこうした課題意識のもと、子どもの発達を次に示す3つの要素が豊かに育つことと位置づけています。

　①安心感に支えられ、自分の思いを自由に表現できること
　②自分の心の中に、たくさんの信頼できる人が住めること
　③やりたいことやあこがれが、自分の中に育つこと

　監修者の一人である神田英雄が、この時代に生きる子どもたちに、とりわけていねいに

保障したいと語ったことを起点に、執筆者が議論し、合意した内容ですが、①と②が現在を「喜び」とともに生きる子どもの姿であるのに対して、③に示した内容が、「希望」を創りだし、「未来」に向かって生きていく子どもの姿に対応しています。

2）子どもの中に「喜び」と「希望」を育てる4つの生活

　重要な点は、こうして整理した、子どもの中に形成する「3つの要素」に対応する形で、子どもたちに保障する生活・活動も整理できる点にあります。

　たとえば、①の子どもたちが「自分の思いを自由に表現できる」生活は、子どもの周囲に広がる自然や事物に対する興味・関心を起点に、豊かに広がっていきます。本シリーズでは、こうして子どもの前に広がる「喜び」の世界を、「周囲の環境や事象に、驚きや不思議心で働きかける探索・探究する生活」〈探索・探究する生活〉と位置づけています。

　また、②の子どもの中に「たくさんの信頼できる人が住める」生活のほうは、「保育者に対する安心・信頼を基礎に、文化に向かって開かれた生活」〈文化に開かれた生活〉と整理しています。乳児期から幼児前期の実践においてとりわけ大きな意味を持つ「保育者に対する安心と信頼の感覚」は、やがて保育者の背後に広がるたくさんの人々が大切にする価値や思いを形にした文化的価値に向かって開かれていくことになるのです。つまり〈文化に開かれた生活〉は、子どもの中に広がる「喜び」のもう一つの側面を構成する要素として、生活の中に位置づけられていくのです。

　これに対して、③の「やりたいこと」や「あこがれ」が育つことは、子どもたちの中に「希望」が育つことを意味しています。未だ体験したことのない「未来」に向かって、仲間と共に「主体性と協同性とを響かせながら創造的で協同的な活動を展開していく生活」〈創造的で協同的な活動〉に子どもたちは、目を輝かせて取り組むようになっていくのです。もちろん、乳児期から幼児前期にかけてこの活動は、未だ主たる活動にはなりません。幼児中期（3～4歳半）から幼児後期（4歳半～6歳）にかけて、幼児が幼児らしく輝く活動がこれにあたります。

　このように本シリーズでは、子どもたちが「喜び」と「希望」を紡ぎあう生活・活動を、〈探索・探究する生活〉〈文化に開かれた生活〉〈創造的で協同的な活動〉に分類・整理して論じていきますが、乳幼児の保育実践を考えるとき、あと一つ忘れてはいけない生活があります。食事・睡眠・排泄・清潔といった「基本的生活活動」と、グループや当番活動といった「日常的生活活動」にかかわる生活です。「心地よい身体性と、安定した居場所を保障する生活」〈基本的・日常的生活活動〉がこれにあたります。

　図は、こうして4種類に分類・整理された生活・活動を、「喜び」と「希望」に向かって発達していく子どもの姿に対応させて、さらに3層構造で整理し直したものです。

図　保育実践を構成する4つの生活・活動の構造

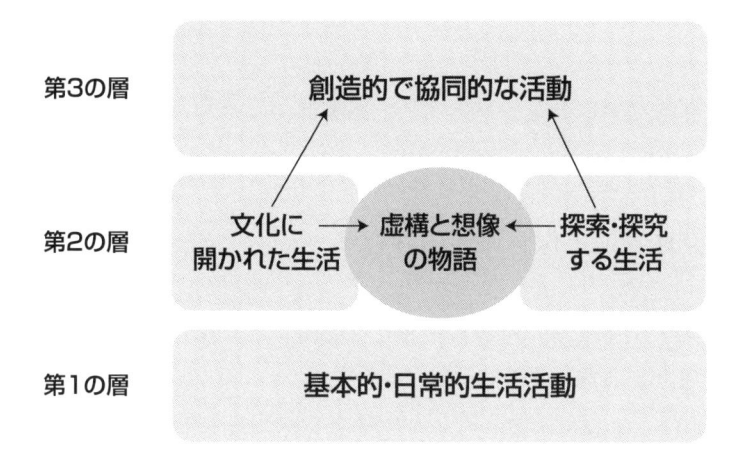

```
第3の層        創造的で協同的な活動
                    ↑        ↑
第2の層     文化に  → 虚構と想像 ←  探索・探究
            開かれた生活   の物語      する生活

第1の層         基本的・日常的生活活動
```

　図の中で「第1の層」を構成しているのが〈基本的・日常的生活活動〉です。心地よい身体性と安定した生活が、すべての活動の基礎になっていき、この上に〈探索・探究する生活〉と〈文化に開かれた生活〉が豊かに広がっていくのです。この「第2の層」が子どもの中に形成される「喜び」の2つの側面を構成しているわけですが、こうして2種類の「喜び」の世界が拡大するのに対応して、子どもの中には「虚構と想像の物語」が生成していきます。乳児後期に形成される「3項関係」にはじまって、幼児期に大きく発展していく「ごっこあそび」や「想像力」の世界がこれにあたります。

　そしてこの「虚構と想像の物語」を媒介にしながら、すべての経験をつなげる形でつくられていく活動が、「第3の層」に相当する〈創造的で協同的な活動〉です。乳児後期に「芽」を出し、幼児後期に大きく開花していくこの活動は、まさにこのシリーズを象徴する保育実践になっています。

3）対話する保育実践は、対話的関係の中で創造される

　本シリーズでは、以上見てきたように、3層に構造化された4種類の生活・活動を、保育計画の構造として位置づけています。もちろん、実際には4種類の生活・活動がバラバラに存在することはありえませんし、年齢によって、その関係も発展していきます。

　保育者の頭の中で整理された計画は、常に子どもの要求との間で、練り直され、組み替えられ、柔軟に発展させられていくことが重要です。こうした関係をシリーズでは「対話的関係」と位置づけていますが、保育計画と保育実践が生成・発展的に展開する「生きた保育実践」を、「子どもの声と権利」に根ざした実践として創造する過程を、それぞれの巻では、年齢や発達課題に対応させる形でていねいに論じています。

③ 各巻の構成と、本巻（「思いがふくらみ響きあう」2歳児保育）の特徴

　以上のような問題意識にもとづき、シリーズを通して各巻は、次の通り3部で構成されています。

1）2歳児の発達課題と保育実践の課題

　第Ⅰ部は、年齢・発達段階に対応した「発達課題」と「保育実践の課題」を論じています。乳幼児を対象とする集団保育の課題は、子どもたちの年齢・発達段階に対応した「成熟発達的文脈」と、「社会文化的文脈」との接点で決定されます。ここでは年齢・発達段階に対応させながら、2つの文脈の接点をどう創りだしていけばよいかを論じていきます。

　とくに本巻が対象とする2歳児クラスは、一人ひとりの子どもの中に誕生した「自我」の世界が拡大し、「自我」と「自我」がぶつかり合いながら子どもたちが集団を形成していく時期にあたります。

　この本の中ではそんな子どもの姿を、まず〈なんでもやりたがる2歳児〉と位置づけていますが、2歳児はただ自己主張が強く、「なんでもやりたがる」だけの存在ではありません。頭の中に虚構世界を創りだし、「ごっこあそび」の世界に足を踏み入れる2歳児たちは、保育者の誘いかけに「ノリのよさ」で応えてくれるのです。そんな子どもたちを本書の中では〈ノリがよい2歳児〉と整理しています。

　もっとも、こうしてなんでもやりたがり、ノリのよい一面を見せてくれる2歳児たちですが、実際にはそんなにいつも幸福な表情で活動してくれるわけではありません。「なんでもやりたがる」子どもの姿は、「やりたがる」子ども同士のぶつかり合いを生み出しますし、「なんでもできそうな」有能感の発達は、実際には思うほどうまくいかない現実との間で揺れ動く自我の姿を生み出してしまうのです。本書の中では、そんな2歳児の姿を〈揺れ動く2歳児〉と位置づけていますが、そんな2歳児の葛藤する姿に保育実践がていねいに向き合っていく過程で、〈思いがふくらみ響きあう〉2歳児集団が形成されていくのです。

　第Ⅰ部では、そんな2歳児の発達課題と保育実践の課題を、最新の知見と具体的な事例を交えながら理論的に整理しています。

2）2歳児保育における計画と実践の特徴

　第Ⅱ部は、こうした発達課題・教育課題に応える2歳児クラスの実践を集めています。

その際、子どもたちが喜びと希望を紡ぎあう4種類の生活・活動に対応する形で、具体的な実践を紹介していますが、当然のことながらここに示した4種類の生活・活動は、現実には常に連関しあいながら展開されていくことになります。

そうした中、2歳児保育において大きく花開いていくのが、先に図の中で第2層に位置づけた〈探索・探究する生活〉と〈文化に開かれた生活〉です。なんでもやりたがる2歳児はとにかく好奇心旺盛で、周囲に広がる環境に対して不思議さとおもしろさの感情を持ちながら能動的に働きかけていくのです。そしてそんな子どもたちの願いに応えるべく保育者たちは、子どもの周囲に広がる環境を工夫し、おもしろさ広がる園外の生活へと子どもたちを誘っていくのです。

またそれと同時に、言葉の機能を豊かに発達させる2歳児は、言葉で編まれた絵本やうたをはじめとする文化の世界に「おもしろさ」と「喜び」を見出すようになっていきます。絵本・紙芝居、うた・手あそびといった「文化財」は、子どもの認識世界に大きな影響を与えるとともに、共感する共同体を形成する大切なメディアとして2歳児の発達の中に位置づいていくのです。

実際、〈探索・探究する生活〉と〈文化に開かれた生活〉は、2歳児の発達を規定する大切な生活であると同時に、2歳児クラスの保育計画の中でも重要な位置を占めることになっているのです。しかしながらその一方で、2歳児クラスの保育実践をまとめた記録の中に、この2つの生活はそれほど多く登場するわけではありません。毎日の生活の中で、園庭で遊んだり、散歩に行ったりする機会はたくさん準備されても、そこで展開される生活を発達する子どもの姿として位置づけることが少ないということかもしれません。あるいは絵本を読み、うたを歌う活動を展開しても、それが子どもの発達にどのような意味を持っているか、明確に位置づけることがむずかしいということなのかもしれません。

さてそれでは2歳児保育を展開していく際、保育者がどんな場面に着目し、記録に残していくのかというと、じつはこれが〈基本的・日常的生活活動〉なのです。食事や排泄の場面で、保育者の要求と子どもの要求とがぶつかり合い、なかなか折り合いがつかない事例や、日常の生活の中で子ども同士がおもちゃを取り合ってケンカする場面の記録が、2歳児の実践記録の中心を占めているのが現実です。

もちろんこうした場面は、2歳児の自我発達を考えるうえでも重要な意味を持った場面であり、その対応が保育実践として大きな意味を持っていることは事実です。しかしながら本書の中では、そうした現実を理解しながら、それでも〈探索・探究する生活〉と〈文化に開かれた生活〉が2歳児の発達に果たす役割を位置づけ直そうと提案しています。つまり、この2つの生活の過程で子どもの中に生起する興味・関心・おもしろさの世界を、仲間の中で響きあわせながら、ゆるやかに〈創造的で協同的な活動〉へと誘っていこうと考えているのです。

もちろん、先にもふれた通り2歳児の保育実践においては、すべての生活を統合・深化させる形で組織される〈創造的で協同的な活動〉が本格的に展開されていくわけではありません。しかしながら、この時期に誕生・拡大する「見たてあそび」や「つもりあそび」を起点に、「ごっこ」の気分を広げながら展開する2歳児の集団保育の中に、この活動の芽が形成されることは確かです。たとえば、第Ⅱ部第2章で紹介する「ゴリラが住みついた散歩道」の実践などは、「虚構と想像の物語」を共有し、広げていった2歳児クラスの子どもたちが、「想像する共同体」として成長していく過程を描いた実践です。

　以上のように、第Ⅱ部においては2歳児保育を構成する4種類の生活・活動の展開過程を具体的実践事例とともに紹介していますが、それと同時に、こうした活動を通して一人ひとりの子どもたちが〈揺れ動く自分〉と向き合い、新しい自分に向かって脱皮していく姿を支える保育実践についても論じています。〈思いがふくらみ響きあう〉2歳児集団を形成していく課題と、それぞれの子どもの自分づくりの課題とを車の両輪のように位置づけていくことが、2歳児保育を成功に導く鍵を握っているのです。

3）実践記録を基礎に対話で拓く2歳児保育

　これに対して第Ⅲ部では、子どもとの対話、保育者同士の対話、親との対話をくり返し、対話的関係にもとづく豊かな実践を創造していくプロセスを、保育者同士の試行錯誤の過程とともにリアルに描き出しています。「子どもとつくる」保育実践の実際を描き出した第Ⅲ部は、本シリーズの特徴を、もっともよく表現した内容として構成されています。

　とくにこの巻では、日常的に書かれる日誌や日記（実践の記録）が、2歳児の保育実践創造にどのような意味を持っているかという点について、具体的な記録を紹介しながらていねいに分析されています。子どもの内面の読み取り、無意識のうちに展開される保育者の実践のふり返り、自明のことと考えられてきた園文化の省察といった営みを、実践の事実を記した実践記録をもとにくり返していく地道な努力の積み重ねが、2歳児保育の内実を創っていく、そのプロセスから学ぶものは大きいと思います。

　なお、本シリーズは神田英雄・加藤繁美の監修のもと、執筆を担当した研究者が、協力してくださった多くの実践者・研究者とともに、実践の場から学びながら、研究と議論を重ねる過程で生み出されてきました。シリーズ完成を前にして、監修者の一人である神田英雄氏が病に倒れ、還らぬ人となってしまう悲しい現実に遭遇することになりましたが、保育にかけた神田さんの熱い思いを、各巻の内容に投影することができたと思います。
本シリーズが豊かに読まれ、実践創造の糧となることを期待します。

（加藤繁美）

第Ⅰ部

2・3歳児の発達と保育の課題

第Ⅰ部では、2歳児クラスの子どもたちにひらかれる「喜び」と「希望」の世界という視点から、1歳後半から3歳前半にかけての子どもの発達の特徴と、2歳児クラスの保育で大切にしたいことを述べていきます（なお、以下本書で「2歳児」と表記する場合は、2歳児クラスに在籍する2歳から3歳すぎの子どもたちのことをさします）。

　2歳から3歳という年齢は、「Terrible two」「手に負えない2歳児」「恐るべき2歳児」「魔の2歳児」などの言葉にあらわれるように、とにかくやっかいで手に負えないという印象があるかもしれません。その一方で、この時期の子どもはとにかくおもしろくノリがよいという話もよく耳にします。2歳児の本当の姿とは、いったいどこにあるのでしょうか。

　第1章では、この「2歳児ってなに？」という疑問に答えて、さまざまな2歳児の姿をごく簡単に紹介します。ここではとくに、2歳児のなんでもやりたがる姿、揺れ動く姿、ノリがよい姿という3つの姿から彼らの特徴をまとめてみました。

　第2章では、そうした2歳児のさまざまな姿を受けて、では彼らの根っことしての心や体はどのように発達していくのか、その発達においてどのような「喜び」や「希望」を彼らは見出していくのかについて述べています。ここではとくに、身体運動や感覚、言語やイメージ、自他関係の理解や社会性という3つの側面からその発達をまとめてみました。

　第3章では、以上をふまえつつ、2歳児クラスの保育ではどのようなことを大切にしていけばよいのかについて述べています。ここではとくに、受け止めて切り返す中で子どもの思いをふくらませること、集団保育の中で、一人ひとりの大きくふくらんだ自我と自我が心地よく響きあっていく経験をつくりだすことの2点に焦点をあてて考えてみました。

　最後に第4章ですが、「序」に示されているように、子どもとはそもそも「喜び」と「希望」に向かって生きていく存在であるという本シリーズ全体を貫く子ども理解にもとづきながら、子どもの中に「喜び」と「希望」を育てる保育を実践していくためには2歳児クラスの生活・活動の構造をどのように考えていけばよいのか、保育者と子どもの関係の中でどのようなことを大切にしていけばよいのかについて述べてみました。

　2歳児の発達と保育の課題について、みなさんとともに考えていきたいと思います。

第1章
2歳児ってなに?

1 なんでもやりたがる2歳児
こんなに自分は「デキル」のに!

episode,1 自分で、自分で

　なんでも自分でやらないと気がすまないゆうたろうくん（2歳1ヵ月）。ドアの開け閉めにはじまり、服の着替え、靴の着脱、荷物を持つ、ふたの開け閉めなど。シートベルトの着脱、食べ物の配分、電気のスイッチを押すまで、自分でできないことも「自分でするのー！」と言い張ります。こちらがついやってしまうと、ジダンダを踏んで怒り出します。逆に、「ゆうたろうくん、これ、自分でしてね」と言うと、「お母さんがしてぇー！」と怒り出す始末。本当に困り果ててしまいます。2歳児だからしかたないなぁ……とは思うのですが、こちらもいつもいつも平静ではいられないので、最終的には「いいかげんにしなさい！」と怒るはめになったり……。こんなことが日々くり返されています。

　　　　　　　　　　ゆうたろうくんのお母さん（岡山・元気っ子共同保育所）

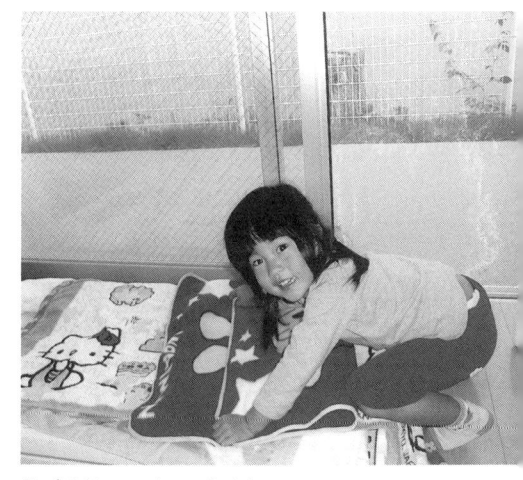

片づけだって一人でできるよ！

　「2歳児」といえば、どんな言葉を思い浮かべるでしょうか？　「ワガママ」「強情」「反抗」「ダダコネ」などなど、ついつい否定的な言葉ばかりが

並んでしまうかもしれません。この事例のゆうたろうくんなんてまさにその典型。「0歳児」「1歳児」の時代を経て、「2歳児」という新たな地平へと降り立った子どもたちは、とにかくなんでもかんでも自分でやらないと気がすまない、そんなやっかいな一面をそこかしこで見せはじめます。

「ジブンデ」「ボクガ」「ボクノ」「イヤ」「ダメ」、まさに自己主張のオンパレード。しかもたいていの場合、自分一人の力ではできそうにないこと、できるかもしれないけれどずいぶん時間がかかってしまいそうなことにかぎって、「ジブンデ」と主張するのです。

そばにいるおとなからすると「なんで？」といった感じでしょう。「そんな小さな体で、そんな重いもの持てるわけがないでしょう？ なのになんで？」。でも、そんな理屈は通用しないのが2歳児。なぜならここ最近、つまり0歳から2歳にかけて、彼らはいろんなことがまたたく間にできるようになったばかりなのですから。

――ぼくは歩けるようになった。でもそれも、もうずいぶん昔の話。今では思いっきり走ることだってできるし、高いところから飛び降りることだってできる。ご飯だって自分で食べられるし、言葉を使っておしゃべりもできるようになった。ちょっと前まではうまくおしゃべりできなくて、しかたなく泣いたりぐずったりしていたけど、今では自分がしたいこと、してほしいことをちゃんと言える。こんなにぼくは「デキル」ようになったんだ！ なのになんで「デキナイ」なんて言うの？

こんな具合に、子どもの側からすると、「デキル」子なのに「デキナイ」子扱いをして、いろいろと思い通りにさせてくれないおとなの態度が気に入らない。一方おとなの側からすると、「デキナイ」くせに「デキル」と言い張って何がなんでも自分の思いを通そうとする子どもの態度にもううんざり、といったところでしょうか。2歳児の保育・子育ての困難さの背景には、こんな両者の思い・見方の食い違いが存在しているのです。

「自分はスゴイんだ」「おとなみたいになんだってできるんだ！」「だから対等か、それ以上に扱ってもらわないと困るんだ！」というのが彼らの言い分です。そうして表面的にはワガママで強情で反抗的と映るような姿を示すようになるわけですが、これもまた2歳という時代を生きる子どもたちの成長・発達の姿なのです。「家庭で甘やかしすぎているのではないかしら」「こんなワガママを野放しにするととんでもないことになる。断固とし

た態度をとるべきね」なんて、眉間にしわを寄せて深刻に考える必要はありません。それはだれしも通りすぎるごく自然な道筋なわけで、ですからおとなとしては「やれやれ」とひとつ大きくため息をついたあとに、「この子もそういう年齢になったんだなぁ」と、広い心で受け止めることがまずは肝要といえましょう。

❷ 揺れ動く2歳児
依存しつつ自立したい

　しかし、そうは言っても、なかなか広い心で接していられないのがやはり2歳児。「2歳はそういう時期だから」と念仏のように頭の中で唱えてみても、「ボクガスルノ」「ジブンデヤル」「イヤ！」「ダメ！」「ゴチン！」（何かにぶつかった音）「ステン！」（転んだ音）「アァー！」（大泣きの声）という音声を始終耳元で聞かされていると、「いいかげんにしなさい！」とついどなってしまうその気持ち、本当によくわかります。

　先ほど、2歳児の保育・子育てのむずかしさは、子ども自身による「デキル（つもり）」という過大な自己評価

じょうずに食べるから、ちゃんと見ててね

と、まわりのおとなによる「デキナイ（はず）」という客観的で現実的な評価との間のズレにあると述べましたが、じつはそれだけではありません。先のゆうたろうくんの事例でも見られたように、子どもが「ジブンデスル！」と言うから、「じゃあ、やってね」とお願いすると、途端に「デキナイ！　ヤッテ！」と返される……。「自立したい、けど依存したい」という矛盾した思いから生じる一貫性のなさ、それこそが2歳児の保育・子育てのむずかしさを引き起こすもう一つの要因です。

　「デキル！」といばり散らしたかと思えば、「デキナイ……」と甘えてくる。こうした言わば「気まぐれ」な姿は、まさに2歳児心理の真骨頂で

す。いつも「ジブンデスル！」であれば、「ああ、そういう時期なのね」と納得しやすいのですが、それが一貫性がない、矛盾しているとなると、ついつい「なんなの!?」となってしまいます。「Terrible two」「手に負えない２歳児」「恐るべき２歳児」「魔の２歳児」などと言われる所以は、まさにこうしたところにあるのです。

　なぜ２歳児の言動は、このように気まぐれで揺れ動きやすいのでしょうか。考えてみると、いくら「デキル」「ジブンデスル」と言っても、そこはまだ２歳児です。自立に向けての大きな一歩を踏み出してはいますが、踏み出したばかりにすぎません。自立への強い思いやこだわりはあるものの、あくまでも「依存しつつ自立する」存在なのです。子どもははげしく泣きじゃくって抵抗したあと、たいてい大好きなおとなに抱っこを求めます。べったりと甘えて自分の気持ちを落ち着かせ、安心したくなるのです。依存と自立は一見すると矛盾しますが、安心して依存できるおとな（「依存するに値する依存の対象」高浜・秋葉・横田、1984）がそばにいることで、はじめて子どもは安心して自立への一歩を踏み出していくことができるのです。

3　ノリがよい２歳児
心が動けば体も動く

　ワガママで強情、「自立したい、けど依存したい」などやっかいで気まぐれな姿を見せる２歳児ですが、その半面、ほめられるとすぐにその気になる、なんともノリがよいかわいらしい姿を見せるのも２歳児の特徴です。

　episode.2　**いつもの公園が不思議な森に早変わり！**
　11月の天気のよいある日、子ども８名と保育士３名（神田・石塚・頭金）で公園へ行きました。はじめのうちは好きな遊具でそれぞれに遊んでいた子どもたちですが、保育士の一声で楽しい探検ごっこがはじまりました。

頭金「あっ！ あんなところに穴がある。おーい、神田先生！ あそこに何かの穴があるよぉー」

神田・石塚「えっ！ どこどこ？ あ、ホントだ。何かいるかもしれない。みんなで叫んでみよう」

全員「おーい！」

ここで神田の腹話術。

神田ヘビ「なんだぁー？」

頭金「あー！『なんだぁー？』だって……。何かいるよぉ」

子どもたち、真剣な表情になる。

石塚「だれだろうねぇ」

頭金「よし、みんなでだれだーって聞いてみよう」

子どもたち「だれだー！？」

神田ヘビ「ヘビだぁー！」

ここでこわがる子が数人。りょうすけくんは半べそで神田にすがりついてきます。

子どもたち「出ておいでぇー」

神田ヘビ「寒いよぉー」

石塚「寒いんだって」

頭金「じゃあみんなで、何か歌ってあげようか!?」

子どもたち口々に「うん、ぼくたちは『泥んこと太陽』がいいよ」ということで、みんなで穴に向かって大声で「泥んこと太陽」を歌いました。

一人が登りはじめると、次々登りだす

神田ヘビにさよならをして森（？）の奥へ進むと、あっ大変！ 頭金の手が魔法の木にくっついて離れなくなってしまいました。

頭金「助けてー、手が取れないよぉー」とオーバーな演技。

真剣な顔でまず駆け寄ってきて頭金をひっぱってくれたのはけんとくん。続いて子どもたちと神田……。ところが、助けようとした神田の手も木にくっついてしまいました。

神田「えーん、帰れないよぉ！」

本気になって二人を助けようと子どもたちは一生懸命にひっぱってくれるのだけど、何しろ魔法の木なので取れません。真剣な子どもたちの顔を見て、「あー、みんなに見放されなくてよかった！」と大満足の神田と頭

金。さて、この先どのように展開しようかと考えていると、すかさず石塚の声。「そうだ！　みんな葉っぱを拾って『とれろ、とれろ』って手をこすったら、魔法が取れるかもしれない」。どの子も手に手に葉っぱを持ち、それで神田と頭金の手をこすってくれました。おかげで指が一本一本とれて、とうとう魔法の木から離れて、無事に保育園へ帰って来られました。あーよかった。みんな！　助けてくれてありがとう！

頭金多絵さん（元東京・墨田区立保育園）

　「デキル」という有能感から勢いよく「自立」への一歩を踏み出したかと思いきや、「デキナイ」という無能感から、すぐに「依存」へとあと戻りしてしまう……。こんな揺れ動く２歳児ではありますが、何しろノリだけはよいのです。「あれ？」「なんだろう？」「不思議だなぁ」「楽しそうだなぁ」「ワクワクするなぁ」と心が動くと、同時に体も動いてしまいます。「ああしたい」「こうしたい」「ああなりたい」「こうなりたい」というあこがれの思いを胸いっぱいにふくらませて心が動くと、「ボクモ」「ワタシモ」と自然に体も動いてしまうのです。

　散歩の途中に見つけたなんの変哲もない穴、その穴の中に人間の言葉がわかる大きなヘビがいるとしたら……。そんな保育士が提供した突拍子もない想像世界にいともたやすくのせられて、こわがりながらも向かっていく子どもたち。また、魔法の木から手が離れなくなった保育士を助けようと、一生懸命にひっぱったり葉っぱをこすったりする子どもたち。なぜこんなにも「ノリがよい」のでしょうか。そこには、まわりの人の心の動きや体の動きを、まるでわがことのように受け止め反応してしまう、そうして心が動くと自然と体が動き、体が動くと今度は心が動いてしまう、そんな２歳児独特の自我状態があるように思います。

　自立と依存との間で揺れ動く２歳児ですが、それでもまわりのヒトやモノ（環境）とのかかわりの中で興味・関心やあこがれの思いがふくらむと、心が動いて体も動いて、体の動きに合わせてまた心も動いて、そうこうしているうちに揺れ動く自分なんかどこかに吹き飛んで、仲間と心地よくつながりながら、かけがえのない確かな自分という存在の手ごたえを感じることができる。２歳児とはそういうものなのかもしれません。

第2章

2歳児の心と体の発達

1 躍動する体を手に入れて

1)「ペタペタ」から「タッタッ」へ

　1歳代から2歳代にかけての子どもの運動能力の発達には目を見張るものがあります。たとえば、1歳後半の子どもと芝生のある公園に散歩に出かけると、ペタペタペタと一歩一歩、地面を踏みしめるように歩きます。何かを見つけたのか立ち止まって、しゃがみこんで、何かをつまみあげて、そうしてしばらくいじると満足したのか、またペタペタペタ……。走り出すこともできますが、見ているこちらがハラハラするような不安定な走りっぷりです。リズムあそびでも、おとなの振り付けに合わせて飛んだり跳ねたり……と本人はそのつもりなのでしょうが、足はほとんど地面についたまま。はたから見ると、ひざを曲げて、お尻をかわいくフリフリさせているだけだったりします。

　ところが、2歳代になると、次第にこの「ペタペタ」が力強い「タッタッ」へと変わっていき、ひざを曲げて「フリフリ」が「ピョンピョン」

ユラユラするけどしっかりつかまればわたれるよ

へと変わっていきます。歩く力、走る力、バランスをとる力、ひざのバネを使う力などが、この時期、飛躍的に伸びるのです。その結果、2歳児クラスの散歩はとてもパワフルで、躍動的で、愉快なものになります。

　また、この時期大好きな遊具に、すべり台、ブランコ、三輪車など、全身を使って遊ぶ遊具があります。1歳代の中ごろから、三輪車に乗ると自分でハンドルを握り、行きたい方向に向けさせようとしたり、自ら三輪車から降りて三輪車を押して歩いたりと、大きな遊具を自分の思う通りに操作しようとする姿が見られはじめます。すべり台やブランコに興味を持ち、なんとか自分の力でよじ登ったり、ブランコを手に持ってユラユラと動かしたりする姿が見られはじめます。しかし、1歳中ごろから終わりにかけての時期には、まだまだ自分の思い描く通りに操作することができず、結局はおとなの手を借りて、なんとかそれで遊ぶことができます。

　これが2歳代にもなると、ずいぶん様子が違ってきます。三輪車に乗ると、自ら目で進む方向を確認し、ハンドルを両手でしっかりと握って、力強くペダルをこぐようになります。すべり台も、自らのタイミングで滑り降り、ブランコも自ら腰かけて、勢いよくとは言えないにしても、前後にユラユラと動かすことができるようになります。園庭でもちょっとした高いところを見つけては、登ったり降りたりをくり返し楽しむようになります。こうして体全体を動かしながら、2歳児はまわりの世界を次第に自分のものへと取り込んでいくのです（今井、2009）。

2）手指の操作も巧みに

　同様に、手指の動きもますます巧みなものになっていきます。両手それぞれの動きを組み合わせて使いながら、モノを扱うことができるようになります（加用、2008）。たとえば、着替えのときには、パジャマのボタンに手を伸ばして、自分でかけたり外したり。食事のときには、片方の手で茶碗を持って、もう片方の手でスプーンやフォークを握って、じょうずにすくって食べたり。必ずしもうまくいかなくても、とにかくじっくりと熱心に取り組むことができるようになるのです。

そうした手指の巧みさの発達は、その他の場面にもいかされます。たとえば、マーカーやクレパスを使っての線あそびでも、それまでは肩やひじを動かしてグルグルッとなぐり描きのような線だったのが、ちゃんと手首を動かしてグルッと円を描き、「でんしゃ」「ママ」「アンパンマン」など描いたものに意味を持たせるようになります。魚の絵が描かれた台紙にシール貼りをするときも、それまでは手元の貼りやすい場所にばかり集中して貼られていたのが、魚の目にねらいをつけて貼ったり、背びれや尾びれの線に沿って貼ったりと、つもりや意味を明確に表現するようになるのです。

ハサミを使って紙を切ったり、粘土や紙を使って何かを作ったりも少しずつできるようになります。そうしてできあがったものを、「ほら見て！ すごいでしょう！」と言わんばかりに、なんとも誇らしげに見せに来るのも２歳児ならではです。活動のさまざまな局面で、大きくなった喜び、できるようになった喜びがあふれています。たとえば、次の事例を見てください。

episode,3 「クック！」の一言に込められたうれしさ

散歩から帰ると、ヘビいちごや葉っぱのおみやげを持って、事務所へ「ただいまー」と入っていく子どもたち。そこへ行けばどんなおみやげだって大事に受け止めて、飾ってくれたりすることを知っているからなのです。おみやげのない日も「ただいまー」と元気な顔を見せたり、握手をしてもらったりしています。

グルッグルッと紙いっぱいにイメージが広がる

ある日のこと、ひろあきくんは散歩から帰って靴をしまうと、すぐに事務所へと向かい、ガラッと戸を開けると、眉間に青筋が立つほど力を入れて、「ただいま」ではなく「クック！」と大きな声で言いました。じつはひろあきくん、その日の出がけにはじめて自分で靴が履けたのです。それまでは履けなくてべそをかいてばかりでしたから、うれしくてうれしくて、跳ねるように歩きながら、何度も靴に目をやっていたそうです。

たった一言の「クック！」に、「園長先生きいて！ ぼくね、今日、一人で靴が履けたんだよ」といううれしさがあふれていました。「クック！」の意味を知った園長が「そうだったの！ おめでとう」と言って、高く抱き

上げると、とっても満足そうないい顔をしていました。

　　　　　　　　　　　　　　　　頭金多絵さん（元東京・墨田区立保育園）

　自分の体が自分の思い描く通りに動く、「できる！」という実感は、子どもを誇らしい気分にさせます。はじめて自分で靴が履けた喜びを体全体で表現するひろあきくん。その喜びもまた、まわりのおとなや友だちが一緒になって味わってくれることでよりいっそうの深まりを見せ、「もっと！」という次への思いへとつながっていくにちがいありません。

2　イメージの世界の広がり

1）「つもり」「見たて」でつながって

　考える力や伝える力など、認識能力や言語能力が目覚しく発達するのもこの時期です。1歳代ではおとなの行動や見たものをそのまままねするだけだったのが、2歳代になると「ふり」や「つもり」「見たて」が頻繁に見られるようになります。たとえば、コップの中に何も入っていなくても、入っているかのように飲むふりをしたり、積み木を車に見たてて「ブーブー」と言って遊んだりできるようになります。本物でなくても、今ここになくても、イメージを広げて楽しむことができるのです。

episode,4　おしいれが好きな理由

　すみれ組のおしいれは、子どもたちの大好きな場所です。ままごとをして遊んだり、ふすまの敷居を電車の線路に見たてて遊んだり、何かいけないことをしてしまうと逃げ込んでみたり……。このごろのおしいれの中でのブームは、おしいれの中にあるついたてをテレビに見たてること。

　ある日のこと、ゆみちゃんにおしいれに誘われて、保育士も一緒に入り

ました。

　ゆみちゃん「電気つけなくちゃ」と言って、電気のひもをひっぱるまね。

　保育士「なんか、熱いね」

　ゆみちゃん「クーラーつけようか。ピッ」とリモコンでつけるまね。

　ゆみちゃん「あ！　アンパンマンがはじまる時間だ。ピッ」とついたてのテレビのスイッチを入れました。

　保育士「（ちょっと意地悪をして）先生、ニュースのほうがいいな。ピッ」とついたてのテレビのチャンネルを変えると、ゆみちゃんも負けずに「アンパンマン！　ピッ」とチャンネルを変えました。

　そこで保育士も「ニュースがいいの。ピッ」。

　ゆみちゃん「ダメ！　アンパンマン。ピッ」と、思わず２人でチャンネル権の奪い合いをしてしまいました。結局、保育士が負けてしまい、アンパンマンを見ることに……。

頭金多絵さん（元東京・墨田区立保育園）

　２歳児は「偉大なる模倣者」（高浜・秋葉・横田、1984）と言われます。料理や掃除や洗濯など、心惹かれる魅力的な出来事に出会うと、すぐにそれをまねしてみたくなるのがこの時期です。この事例でのリモコン「ピッ」もそうですが、母親がスーパーでカバン片手にメモを見ながら買い物をしようものならすぐにまねしてカバンを手に提げ、メモらしきものを片手に買い物するそぶりをはじめます。母親がはたきでパタパタと掃除をしようものならすぐに棒状のものを手に持って、部屋のいたるところでパタパタとしはじめます。そうして子どもは、この時期めばえはじめる「ああしたい」「こうしたい」という思いを満たしていくのです。

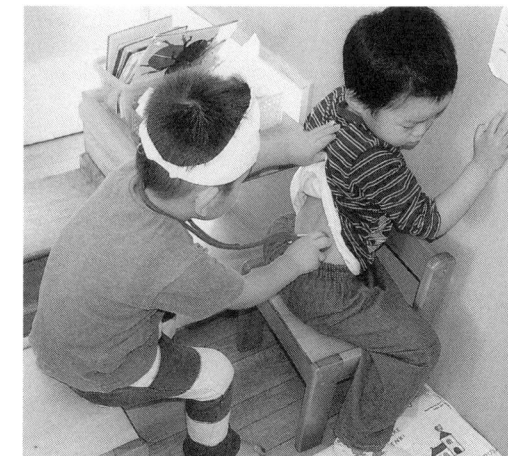

痛いのはここですか？

　また、この時期は個人差が大きくあらわれる時期でもあります。子どものそばにいる身近なおとなが、模倣するに足る魅力的な人であることは、ふくらみつつある彼らの「つもり」「見たて」の世界をより豊かにするうえで重要な意味を持ちます。ヒトにかぎらず、モノやコトも重要な意味を持ちます。それらがいかに魅力的な色彩を帯びて子どもに迫ってくるかが大事なのです。

心惹かれる魅力的なモノやコトがあれば、2歳児はすぐにその気になって、その活動にのめり込みます。絵本や紙芝居、うたや踊り、散歩や行事など、友だちとともに味わった魅力的な実体験を子どもはすぐに体全体で表現し、イメージをふくらませ、友だちとそれを共有し、楽しいおしゃべりやあそびへと発展させていくのです。

2）一語文から二語文、多語文へ

　子どもは1歳をすぎたころからおとなの言う言葉もずいぶんわかるようになってきます。また自分のしたいことや考えていることを相手に伝えるということも、少しずつできるようになってきます。これにはもちろん個人差がありますが、それでも「言葉の爆発期」と言われる2歳代になると、二語文、三語文と言葉が文字通り爆発的に増加し、どんどんじょうずに使いこなせるようになります。たとえば、1歳代の子どもがどこか痛がっているような様子を見せているので、おとなが「どこが痛いの？」と聞くとします。すると、体の部位に関係なく、すべて「ポンポン（お腹）、痛い」などと表現してしまいます。ところが、これが2歳代になると、手や足、頭、目、耳、鼻など体のそれぞれの部位をきちんと認識して、「手が痛い」「足が痛い」などと伝えることができるようになるのです。
　1歳代には「ブーブー」「マンマ」とかわいらしく発音していた子どもたちも、2歳代になると「自転車」「ごはん」とモノの正しい名前をはっきりと発音できるようになります。体全体を使った運動や手指による細かい操作などを通して、「こうしたらこうなる」という行為や操作の見通しも持てるようになります。その結果、「待っててね」「順番ね」というおとなの声かけもきちんと理解できるようになります。つまり、「こうしたらこうなる」という順序性が理解できるようになるのです。「よっちゃん、おなか痛くなったから病院行ったの？」「先生、お天気なったら、お外行く」など、こうした言葉は、彼らが原因と結果とを関連づけてものごとを考えることができるようになったことをあらわしています（今井、2009）。

3）友だちとイメージを共有して

　また、2歳から3歳にかけて、子どもは「わかった」「しってる」という実感を頻繁に言葉で表現するようになります。たとえば、雨上がりの散歩で水たまりに出会うと、そのたびに「また、あった」「いっぱいねー」と喜びの声を口にします。散歩でタンポポを見つけて、保育者が「お花、きれいだねぇ」と声をかけると、「おうち」と答えてにっこりと笑います。今ここで目にしたタンポポが自分の家に咲いている花と同じであることに気づき、そのことを喜びとともに伝えているのです（神田、1997）。

　このことは、2歳代にある彼らがすでに頭の中にいろんなモノやコトを思い浮かべて、それと目の前にあるモノやコトとを比較したり、結びつけて考えたりすることができるようになったことを意味しています。「アレとコレとは同じ！」、そのことが「わかった」「しってる」という喜びなのです。この喜びの声は、日々の生活の中で体験がしっかりと子どもの心の中に根づいていることの証しであり、子どもたちの心が同時にたくさんのことを意識できるほどに広がってきたことの証しと言えるでしょう。

　このように身近な世界で出会うさまざまなモノやコトの意味、自分や他者の行為の意味に気づいて、それを言葉によって表現できるようになると、まわりのおとなや友だちにもどんどん自分の思いを伝えて、楽しいおしゃ

おなじみの絵本でおしゃべりもはずむ

べりに花を咲かせることができるようになります。また、言葉を通して、まわりの世界についての知識も豊富に取り入れ、自分なりの思いもどんどんふくらませていきます。その結果、2歳児クラスでの日々の生活やあそびは、大好きなおとなや友だちと言葉やイメージを通じてつながって、とても生きいきと楽しいものになります。

3 自分の思いをふくらませて

1)「自分」と「他人」の発見

　1歳をすぎてしばらくたつと、子どもたちの多くは「自分にはどうやら名前というものがあるらしい……」とわかりはじめます。このころ、子どもは名前を呼ばれるとふり返ったり、返事をしたりするようになります。さらに1歳半から2歳ごろになると、自分で自分の名前を言うようになり、自分の持ち物などに執着し、自分がした行為を自分で説明したりするようになります。このことは、子どもが「自分」を客体的な対象としてとらえ、「自分」を反省の対象として認識できるようになったことを意味しており、「自己の他者化」(岩田、2001)と呼ばれています。

　鏡に映っている自分の姿を見て、「これが自分だ」と気づくようになるのも1歳半をすぎたころです。1歳半以前では、子どもは鏡に映った自分の姿を指さしたりはするものの、どうもそれが自分自身だとはまだ気づいていない様子です。それが1歳半をすぎるころになると、たとえば、おとながいたずらで子どもの顔にこっそりつけたシールや口紅を取ろうとするしぐさを示すようになります。つまり、「鏡に映っている子どもはどうやら自分だ」と気づくようになるのです。ただし、その一方で、鏡の方向に手を伸ばしたり、鏡の後ろに回り込んで鏡の中の子どもを探そうとする姿もまだ見られ、子どもが本当の意味で「鏡の中の自分」を認識できるようになるのは、2歳半ごろであるとされています(岩田、2001；ザゾ、1999)。

　1歳代後半に、「自分」というものが認識できるようになると、自分以外の「他人」のことがどうにも気になりはじめます。一緒に食事をしていると、「おいしい？」と相手に感想を求めたり、「(それ)すっぱいよ」と忠告したりするようになります(矢野・矢野、1986)。相手の失敗を見すごせず、つい手伝って、答えを教えようとする姿も見られはじめます(赤木、2004)。また、他者に共感を求めたり、経験を共有しようとする言葉も見られはじめます。母親との買い物帰りに冷たい風に当たって、思わず「さむいね」

と声をかけたり、自分と母親のはんてんが同じなのを見て「いっしょね」と言ってみたり……（矢野・矢野、1986）。自分が感じた心の動きを相手にも同様に感じてほしい、そんな思いが「ね」という終助詞には込められているのでしょう。とにかく他者が気になり、何かしらかかわりを持ちたくてしかたがない。その姿は本当にかわいらしく、見てしくてなんともほほえましい姿であると言えましょう。

2）自分で自分のことを語りはじめる

　2歳代になると、子どもは自我意識と内面世界の広がりを核にして、自分が主人公の物語を描きはじめます。自伝的記憶に関する研究によると、子どもは2歳ごろから、「あのね、きのうね、ぼくね……」など、それほど遠くない過去の自分についての記憶を語りはじめるようになるそうです（岩田、2001）。物語れるだけの内容の手ごたえを、すでに自己の内面において感じているのです。そうして「自分」というものを強く意識することができるようになると、子どもはそれまでの「無邪気だ」「ほほえましい」という言葉ではなかなかすまされないような存在へと、大きく変貌していきます。

おめかししたら鏡でチェック

　フランスの発達心理学者アンリ・ワロン（1983）は、2歳以前と以後の自我意識の水準の違いについて次のように述べています。「それまで子どもは、場面に完全に浸りきり、場面を全体として漠然と知覚しているに過ぎず、まだそこにおける自分の役割や視座を明確に設定することができずにいました。そのような場面の時期を越えると、子どもは、どういう場面でもどういう場合でも、相手の意志に対してかたくなに自分の意志をつきつけていく時期をむかえます」（浜田訳、29〜30頁）。

　つまり、1歳半から2歳ごろまで、子どもは「自分」というものを発見し意識するようになるものの、まだその「自分」の輪郭は明確ではなく、「場面」の中にどっぷりと浸りきったような状態でした。ゆえに、自我意識

もまだ漠然とした水準を脱していなかったのです。しかし、2歳をすぎたころから、子どもは場面から抜け出した自分というものを自らつくり出していくようになります。彼らは自分が主人公の物語を描きたいと願うようになり、そして実際に描いていくようになるのです。具体的には、1歳半ごろからの「自我の誕生」を皮切りに、2歳前後になるとなんでも「イヤ」の強情な姿があらわれはじめ、その後3歳半ごろまで「ワタシガ」「ボクノ」「ジブンデ」「ミテテ」など、はげしく自己主張する姿が見られるようになります。

3）プライドの発生

「自我」とは、広い意味で「自分を意識する心の働き」のことを指します。1歳半ごろから3歳半ごろにかけて見られるワガママや強情は、子どもからしてみると「自分は親の一部ではない」「自分は独立した存在だ」「自分のことをもっと尊重して」というアピールであると言えます（神田、2008）。では、こうしたワガママや強情の背景にある「プライド」はどのようにして生まれてくるのでしょうか。そしてそれは子どもの育ちにとってどのような意味があるのでしょうか。

アメリカの心理学者ジェローム・ケーガン（1981）は、次のような興味深い実験結果を報告しています。

女性の実験者が2歳前後の子どもに近づき、目の前でおもちゃを使って、子どもにはとうていできそうにないやり方で遊んで見せたり、子どもがいっぺんには覚えられそうにないようなことを続けざまにして見せます。すると、1歳半の子どもではそれを見せられてもいっこうに平気だったのに対し、2歳児ではすぐに泣き出して、不満を訴え、抵抗しはじめたというのです。この実験で、実験者は子どもに自分のしたことをまねるようにと直接教示したわけではありません。にもかかわらず、子どもはおとなから示されたこの難題を自分もこなして見せなければならないと感じ、そしてそれができそうにないと気づくと動揺し、くやし泣きをはじめたのです。プライドが傷つけられたというわけです。

ケーガンは、子どもは2歳をすぎるころになると、自分自身の行動についての「標準」を持つようになると述べています。「標準」とは、ある行為や状態がよいことなのか悪いことなのかを判断するための基準枠のことを指します。この「標準」をもとに2歳児はあるべき状態についてのイメージを持ち、それから外れることに対して「恥ずかしい」とか「不安」といった感情を示すようになるのだそうです（氏家、1992）。つまり、先ほどの実験の例でいえば、子どもはおとながこなした難題を自分も同じようにこなせるのが「標準」だと考えたのですが、とても自分の手には負えない、「標準」から外れそうだと気づいたとたんに、恥ずかしさや不安や怒りが押し寄せてきて動揺し、泣き出したというわけなのです。

　同じように、2歳ごろになると、子どもはむずかしい課題を解決できたときに、解決できた自分に対して満足し、喜びの表情をあらわすようになります。実験によると、そうした表情はまわりにだれかがいるか否かとは一切かかわりなくあらわれるそうです（氏家、1992）。したがって、その満足感や喜びはだれかに「よくできた」とほめられることを期待してというよりもむしろ、自分自身で設定した「標準」を達成したことによる、自己満足の感情表出であると考えることができるでしょう。

4）誇り高き自分を確かめる

ちゃんとやりたいから恥ずかしくなっちゃう

　2歳半から3歳ごろには、自分がやろうと思っていたことをおとなが先取りしてやってしまったり、自分のお気に入りの行為をおとながまねして一緒にやったりすると、はげしく怒って不満を訴えるという姿も見られます。とにかく「自分でする」こと、「自分だけのものである」ことが大事であって、だれかの手を借りたり、他の人が自分よりもうまくやったり、自分よりも先に成し遂げてしまうことがイヤでイヤでしかたがないのでしょうか。関連して、とにかく相手が言うことなすことを反対する、「反対言葉」と呼ばれるような行動も見られるようになります。

episode,5 なんでも反対！

　ムスメはこのごろ本当に扱いづらくなってきました。なぜ扱いづらいのかというと、すぐこの言葉が出るからです。「イヤッ！」。もう何でもかんでもイヤッ！　イヤッ！　なのであります。

　以前のムスメは、我々両親が「反対言葉」と呼ぶ行動をとっておりました。例えば、ムスメがごはんをもりもりと食べているので、「ふみちゃん、ごはんおいしい？」ときくと、「ゴハン、オイヒクナイ」と答えるのです。「おいしくないのなら、ごはん食べるのやめようか？」というと、「ゴハン、タビルノヤメナイ」といいます。「お便所でおしっこしようか？」というと、「オベジョデ、オヒッコシナイ」というので、「ふみちゃんは、お便所でおしっこしないもんね！」というと、「フミチャン、オベジョデ、オヒッコスル！」と答えるのであります。

　とにかく親のいうことには何でも反対しておりました。最近はこれにイヤッ！　が加わりまして、朝起きてから夜寝るまでに、何度「イヤッ！」が出てくることか……。あまり反抗ばかりするので、「これでいいのだろうか……。育て方が間違っていたんじゃないだろうか？」と時々心配になることもあります。しかし、「まあ……、今はこういう時期かもしれん……」と自分に言い聞かせ、ムスメをますますお殿様にしてしまうわけですが……。

（高岡凡太郎『ムスメ日記』1巻、38〜40頁）

　前章で紹介した発達心理学者ワロンは、この時期を「どういう場面でもどういう場合でも、相手の意志に対してかたくなに自分の意志をつきつけていく時期」(30頁)、「ほとんど挑発的ともいえるほどに自我を主張する段階」(31頁) と述べています。この時期に子どもはあらゆるものに対して反対するといったことをよく行いますが、ワロンによると、それは他者に反対することによって自分を確かめるという行為なのです。

　とにかく相手に反対することで、自分というプライドを持った誇り高きかけがえのない存在を、より強固なものにしたいのでしょう。ゆえに、「イヤ！」「ダメ！」「シナイ！」などと言っているときの子どもの表情たるや、きわめて断固たるもので、かたくなで強情です。しかし、その一方で、ここで見られる「反対」はまったく形式だけの「反対」であり、内容がとも

なっていないといったことがよくあります。つまり、ただ反対したいから反対するだけ、それにより確かな自分を強力に感じたいだけなのです。そこには形式へのこだわりはあっても、内容へのこだわりはありません。先ほどのふみちゃんの反対言葉の例で言うと、その言葉の使用により「誇り高き自分」の地位を固めようとしているだけなのです。

「自分」を発見し、「自分」と「他者」とを線引きする中でさらに明確に「自分」を意識しはじめた2歳児ですが、「自分」を意識すればするほど、「自分」へのこだわりは強くなり、だれがなんと言おうと自分の思いを貫き通そうとして、まわりのおとなを困らせてしまいます。そんな負のスパイラルに陥りやすい2歳児の保育・子育てですが、たとえば、こんなふうに考えてみてはいかがでしょうか。つまり、子どもによるこうした誇り高き反抗的な姿は、子どもが自分の頭でしっかりとものごとを考え、自分の力でそれを成し遂げようとする成長の姿なのです。生まれてまだ2〜3年しかたたない彼らが、これまで積み重ねてきた経験や獲得したスキルをフルに発揮して、世界に主体的・積極的にかかわり、明日に向けて意欲的に生きていこうとする、そんな自立への第一歩なのです。そう考えると、子どものワガママや強情、反抗に対しても、ほんの少しやさしい目で接することができるかもしれませんね。

カタツムリの世界ってなんだか、ふ・し・ぎ

④ 仲間を感じ、仲間とつながる

1）自我と自我のぶつかり合い

友だちに対する理解は、自我がめばえる1歳半ごろからはじまります（神田、2008）。もちろん、それ以前からまわりの同年齢の子どもに対する関心

は見られるのですが、友だちを自分と同じような存在として見はじめるのは、この1歳半をすぎたころからと考えられます。そのことは、この時期の子どもたちによるケンカの様子を見るとよくわかります。たとえば、モノの取り合いのとき、1歳半以前では、モノを取り合う二人の意識はモノ自体に向けられています。そのため、互いに力いっぱいひっぱり合い、力の強いほうが勝ち、弱いほうが負けるという具合に、勝敗は簡単に決着します。

ところが、1歳半をすぎたころになると、それまでのように単にモノに意識を向けて、力いっぱいひっぱり合うのではなく、ひっぱっている手の先の相手に意識が向きはじめます。そうして、かみついたり髪をひっぱったりする様子が見られるようになるのです。欲しいものを手に入れるためには、それをただひっぱるよりも、それを妨げている邪魔者を撃退したほうが手っ取り早い、そう理解するようになるわけです。自分と同じ行動する主体として、相手を見はじめた証しといえましょう。保育園でのかみつきの実態調査（西川・射場、2004）によると、回答した0・1・2歳児クラスのうちじつに80％でかみつきが見られ、かみつきのひどかったケースの多くは1歳後半から2歳前半に集中していたそうです。

自分を意識し、自分との対比で他者を意識し、さらに他者を折り返して自分が他者からどのように見られているかを意識するようになる。ゆえに、プライドもめばえて「自分を尊重してほしい」という思いも強くなり、友だち同士での自我と自我のぶつかり合いによるトラブルも多く見られるようになるのが2歳の時期です。一人ひとりが「誇り高き自分」を意識して、「自分」というものを尊重するようになると、集団保育の場ではあちらこちらでトラブルが発生しはじめるのです。

2）共感する力がつくる心地よい友だち関係

友だちを自分と同じような存在と認めはじめるとともにめばえてくる、友だちと同じことをしてみたいという思いは、トラブルの発生要因になる一方で、「友だちと一緒って楽しい！」と実感できる経験を積み重ねていく

基盤にもなります。たとえば、親や保育者が子どもを「マテマテー！」と追いかけて、子どもが「キャーキャー！」と大喜びしながら逃げ回る「マテマテあそび」は、ハイハイができるようになる０歳終わりごろから１歳後半にかけて楽しまれるあそびですが、２歳代になると、これがさらに「追いかけあそび」へと発展していきます（勅使、1999）。

この「追いかけあそび」と「マテマテあそび」との違いは、それまでは単に追いかけるおとなから逃げる存在であった子どもが、今度は逆におとなを追いかけるようになる点にあります。おとなの元から逃げて、期待通りにつかまえてもらうことに喜びや満足を感じていた子どもたちが、今度は身につけたばかりの走力をフルに発揮して、おとなを追いかけ、つかまえることに「やった！」という達成感を感じるようになるのです。

こうしたマテマテあそびや追いかけあそびに夢中になる中で、子どもたちは「友だちと一緒」を強く意識するようになります。そうして、「一緒が楽しい」という気持ちをともに味わうようになるのです。「マテマテー！」という大好きなおとなの声を背中に感じながら、友だちと一緒に逃げ回る。あるいは役割を替えて、友だちと一緒に「マテマテー！」と逃げるおとなを追いかける。これらを通じて、「友だちとつながっている」ことの心地よさを実感するようになるのです。

みんなで追いかけると楽しいね

友だちとつながりあうことの心地よさの根っこには、共感する心があると考えられます。フランスの哲学者メルロ＝ポンティ（1966）は、乳幼児期の共感は模倣行為を基盤としてあらわれると述べています。模倣行為とは、文字通り相手のまねをする行為のことですが、とくに２歳児においては、同年齢の仲間同士で互いの動きを模倣し合う「相互模倣」が２歳半ごろを中心にピークを迎えることが示されています（瀬野、2011）。たとえば、次のような事例があります。

episode,6 **みんなでトラックになる**

お昼ごはんを食べ終わった子どもたちは、いつも通り自分の好きな絵本を眺めています。そんな時、絵本を見ることに飽きた様子のイッセイくん

が、頭に絵本を載せて「トラック！」と言いながら机の周りを走りだしました。それを見たマサトくんとミカちゃんも、「トラック！」と言って絵本を頭に載せて笑いながら走りだします。室内全体が瞬く間に笑いの渦に満たされ、その後、この遊びはいつの間にか終了していました。

(瀬野由衣さん（2011）の観察事例より)

　こうした相互模倣において子どもは他者の行為をなぞるだけでなく、他者の心も同時になぞります。そうして「おもしろい」「楽しい」といった情動を互いに共有し合うのです。

　もちろん、他者の行為や心をなぞるという模倣や同調の行為自体は、年長の子どもやおとなもごく自然にやっていることです。しかし、2歳児のそれが年長の子どもやおとなと大きく異なるのは、彼らがまだ自他の未分化な状態にあり、その曖昧な境界線上を漂いながら自分と他者とが溶け合っているかのような心地よさを他者とのコミュニケーションにおいて味わうことができるという点にあります。自己意識と他者意識の境界がまだ不明確な彼らにとって、他人の行為や心をなぞることは、年長の子どもやおとなよりもたやすいことであり、その影響をより直接的に受けやすいのです。前章において、2歳児は「ノリがよい」と述べた所以は、まさにこうした点にあると言えましょう。

3）ノリのよさと揺らぎやすさ

　こうした2歳児の「ノリのよさ」は、一方で彼らの「揺らぎやすさ」と表裏一体の関係にあります。自他が未分化で他者の行為や心をなぞりやすく、影響を受けやすいがゆえに「ノリがよい」という彼らの顔の裏側には、自他が未分化であるがゆえに「自分はこうだ」「これこそ自分だ」という明確な内容をともなった「自分」をまだ持ちにくく、「揺らぎやすい」というもう一つの顔が存在しているのです。

　ここで挙げた2歳児の「ノリのよさ」と「揺らぎやすさ」を、発達心理学者の木下孝司さん（2011）は「自己の視点を特権的に意識できないことに

よる同調する自己」と「状況とともに変動する自己」という言葉で説明しています。木下さんは次の事例を紹介しています。

episode,7 思わず交替して号泣

　２歳児クラスでの出来事。Ｋ男はすでに赤い三輪車を乗り回している。他の子どもが乗りたがるのを保育者が受け止め、Ｋ男もだいぶ乗り回したからいいだろうと保育者が判断して、そばにきたＫ男に声をかける。

　保育者「Ｋ男ちゃん、Ｉ子ちゃんが三輪車に乗りたいんだって。Ｋ男ちゃんいっぱい乗ったから、今度はＩ子ちゃんに貸してあげてよ」
　Ｋ男「うん」といって、さっと降りたが、すぐに「わーん」と泣き出す。
　そこへＤ子が来て、傍らにいたＨ男に、さっと自分の三輪車をゆずる。
　Ｄ子「Ｋ男ちゃん、Ｄ子ちゃんはちょこっとしか乗ってないけど、Ｈ男ちゃんに貸してあげたんだよ。Ｋ男ちゃんはいっぱい乗っとったがね。Ｄ子ちゃんは、ちょこっとしか乗っとらんのだよ」
　そして、泣いているＫ男の顔をのぞきこんで、
　Ｄ子「Ｋ男ちゃん、もっといっぱい乗りたかったの？」。
　Ｋ男「うん」とうなずいて、ケロリと泣きやんだ。
　保育者は思わずその場にひざまずいてしまった。

　　　　　　　　　　　　　　（神田英雄さん（2004）より引用）

こっちにも角がはえてきちゃったよ！

　保育者からの依頼に思わず同意して三輪車を降りたものの、やっぱり「もっと乗っていたい」という思いが湧いてきて、泣き出してしまったＫ男。そんなＫ男ですが、「もっといっぱい乗りたかったの？」というＤ子の言葉を受けて、「うん」とうなずくやいなや、あっさりと泣きやんでしまいます。ここでは、他者の思いや言葉につい同調してしまう「同調する自己」の側面と、そうしてはいけないと思いつつもついそのようにしてしまって泣き出し、かと思うと次の瞬間には泣きやんで笑い出すという「変動する自己」の両側面を見ることができます。

　木下さんは２歳児に見られるこうした姿をこの時期の自己発達と「心の理解」発達の特徴としたうえで、それでも２歳の後半から３歳にかけて、先に述べたような独特の自己の状態は影を潜めて、子どもは「これこそ自

分だ」という自己の視点の特権性をより自覚していくようになると述べています。状況を超えて一貫した自己との姿を自己の内面に思い描き、自己内対話することが次第にできるようになっていくのです。

　興味深いのは、2歳後半から3歳以降、子どもはいよいよ明確に、他者とは異なる独自の主体として自己をとらえるようになる一方で、「子どもの心はまた新たに揺れ動くようになる」と指摘している点です。子どもはこの時期、自分と他者とが同じような存在であることに気づき、他者と「心を通わせる」ことを強く求め、他者とのつながりあいを通して喜びや満足、楽しさや心地よさを感じるようになります。その一方で、自分や他者がそれぞれに異なる思いを持った存在であることにも気づき、心を通わせ合ったつもりがじつはそうではなかったという現実にたびたび出会うようになります。そうして、「心を通わせる」ことのむずかしさを強く感じるようになるのです。新たな心の揺れ動きは、そうした中で生じてきます。

　ここで重要なのは、「同調する自己」にしろ「変動する自己」にしろ、またその後、他者とは異なる「かけがえのない自己」を形成していく中で生じる新たな「心の揺れ動き」にしろ、いずれも他者とのつながりあいの中ではじめて経験し、生じるものであるという点です。子どもたちは2歳のこの時期、友だちとのつながりあいを求めて、そこに喜びや満足、楽しさや心地よさを感じるとともに、そこで自分や友だちのさまざまな姿に出会い、悩み苦しむようになります。しかし、そうした体験こそが、彼らの自己の発達や心の理解の発達を後押ししてくれるのです。

　ノリがよいけど揺らぎやすい2歳児の姿を認めながら、友だちとのつながりあいをいかにつくり支えていくか、このことは一人ひとりの自我を大きくふくらませることともに、2歳児の保育・子育てのもう一つのポイントであると言えましょう。

第3章

2歳児の発達を支える保育

1 受け止めて切り返す
安心できるおとなとの関係の中で自分を出す

これまで見てきたように、「ああしたい」「こうしたい」という思いを大きくふくらませた子どもたちは、それをその通りに実現させるべく、行動に移すようになります。2歳児のワガママや強情は、彼らの内面にふくらんだ「こうしたい」「こうなるはずだ」という理想と、「こうならない」という現実との間で生じるのです。とは

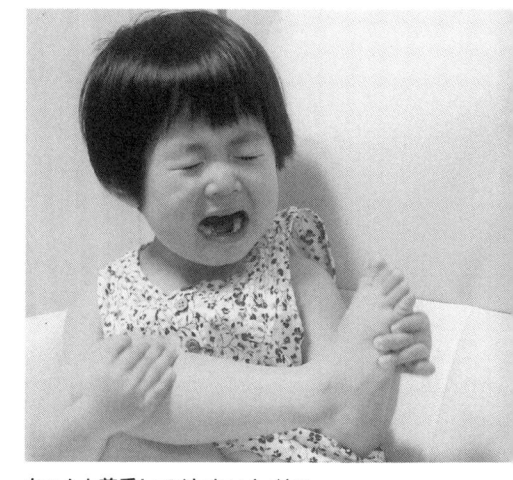

ちゃんと尊重してくれないとイヤ！

言っても、個人差こそあれ、こうした姿は3歳後半から4歳代になるにしたがって徐々におさまり、安定して自分をあらわすことができるようになります（加用、2008）。これらは自他が未分化であった状態から「自分」という輪郭を形成していく過程にあって、避けようもなく生じる発達の一側面なのです。

とはいえ、おとなの目から見るとワガママで自分勝手、頑固で意地っぱりで、とにかく手に負えないといった印象を与えます。それゆえ、「自分のこれまでの子育てや保育の方針はまちがっていたのだろうか」「ダダコネを受け入れるとワガママを助長しかねないし、かと言って拒否し続けると人

間不信に陥って、頑固で意地悪になりはしないか……」などと思い悩みます。そんな2歳児たちに、おとなはどうかかわっていけばよいのでしょうか。

1）「わかった」「いいよ」で受け止めよう

　神田英雄さん（2004）は、2歳児の要求には常に2つの側面があると述べています。たとえば、食事の準備をしている最中の母親に、「遊んで」と要求したけれども、「あとでね」「今は遊べないよ」と断られたケースを考えてみましょう。このような状況で、2歳児はしばしばひっくり返って大泣きをし、はげしくダダコネをします。このとき2歳児の要求には、「遊んでほしい」という行為への要求と、「自分を認めてほしい、尊重してほしい」という自我の要求とが含まれているのというのです。2歳児の要求は、こうした二重構造を持っているので、「遊んで」という要求に対して「あとで」と拒否されると、単に望んだ行為が実現されなかったというだけでなく、自分が尊重されなかったと感じられるため、はげしいダダコネが引き起こされると考えられるのです。

　神田さんは次のように述べています。「行為への要求には応えられないけれど、自我の要求には応える、そうしたかかわり方ができればよいのではないか」。そしてこうしたかかわりを「2歳児には、とにかく『わかった』『いいよ』と言おう！」というスローガンで表現しています。「わかった、いいよ」という言葉で、2歳児は「自分の思いが伝わった」と感じ、自分が尊重されたと思えるから、「では、今何をしたらいいのか」という方向に気持ちを切り替えることができるというわけなのです。たとえば、次の事例を見てみましょう。

episode,8　今日はこのズボンがいいの！

　わが子（ツヨシくん）はただ今2歳9ヵ月です。ある朝、保育園に着ていく服を出していると、服は着たもののズボンが気に入らず、好きなズボンをはきました。「今日はそのズボンじゃダメなんだよ」と説明しても知らん顔。無理矢理脱がそうとすると、怒ってズボンを持ち上げ、意地でも脱ご

うとしません。しかたなく、「わかった、いいよ！ そのズボンはいとき！ じゃあごはん食べたらこっちのズボンに着替えような」と声をかけると、「うん！」と言うなり、あんなに脱ごうとしなかったズボンをあっさり脱いで、ごはんを食べる前に他のズボンにはきかえました。どうやら自分の思いを聞いてもらえたことで、納得したようです。

ツヨシくんのお母さん（岡山・元気っ子共同保育所）

「大好きなズボンをはき続けたい」というツヨシくんの思い、これは行為への要求です。しかし、母親の立場からすると、これをそのまま受け入れることはできません。ゆえに、互いの主張と主張とがぶつかり合うわけですが、ここでポイントとなるのは、母親がひとまず「わかった、いいよ」とツヨシくんの要求を受け止める姿勢を見せたことです。するとどうでしょう。ツヨシくんは「うん！」と納得して、気持ちを切り替え、あっさりズボンを脱ぐことができたのです。

2）子どもにも保育者にも大切な「間」

2歳児の自我の要求を「わかった」「いいよ」で受け止めようというこの対応は、2歳児が持つ要求の二重構造への対応としてきわめて大事なことですが、そのように子どもの思いに寄り添うだけではどうにもならないケースも当然のことながら存在します。つまり、「○○したかったんだよね」と子どもの思いに寄り添ううちに、その実現できない要求へのこだわりがより一層強まって、結果的に不愉快な気持ちを長引かせてしまうという結末も考えられるわけです。

じっくりたっぷり間をとって

この点に関して、神田さんは、別の楽しいことに気持ちを転じさせていったん立ち直らせることや、子どもが心の余裕を得られるだけの「間」を与えることが大切であると述べています。「○○したかったんだよね」といったん受け止めてもらえたあと、高ぶった気持ちが落ち着くまでじっくりと待ってもらう「間」や、「○○はできなかったけど、○○できたことは

楽しかったね」という具合に、ほんの少し前までにしていた活動を達成感・充実感をもって心にそっとしまいこむまでの「間」。そうしたゆっくりと落ち着くことのできる時間を与えられることで、子どもは自分がどうしたいのかを冷静にふり返り、その場にとどまりつつも、満足して終えることのできる何かを見つけることができるのではないでしょうか。たとえば、次のような事例があります。

episode,9 「トイレ駅」へ行こう！

オシッコに行くのに時間がかかるタッくん。とくに4月は新担任を拒む姿が見られ、誘っても「イカナイ」「オシッコシナイ」「アソブ」の言葉ばかりが返ってくる。

保育士（どうしたらトイレに来てくれるかな……と思い、好きな電車で誘ってみる）「終わったらプラレールであそぼっか？」

タッくん「ヤダ、イマアソブ」

保育士（終わったあとの話なんかしてもだめか……。そうだ、好きな電車を聞いて仲よくなろう）「好きな電車は何かな？　先生はＭＡＸやまびこが好きだな、タッくんはどれが好き？」

タッくん「タク、コレガスキ」と持っている山手線のような電車を見せる。

保育士「じゃあ、山手線で一緒にあとで遊ぼう」

タッくん「ヤダ、イマアソブノ」

やっぱり「あと」は言わないほうがよかったな、タッくんは今遊びたいんだよね。無理矢理手を引いて泣かせて連れていくのも嫌だし、泣くとせっかく楽しんでいるあそびができなくなるし、オムツだから無理して連れていかなくてもいいか……。あそびの充実と排泄とどちらを優先するか、と迷いました。そこで視点を変えて考えました。

保育士（自分が好きな電車になって行くというのはどうだろう？）「じゃあ、一緒にトイレ駅に行こう！」

タッくん「ン？　トイレエキ……？」

保育士「うん、そこにあるトイレ駅に行こうよ」

タッくん「タク、トイレエキニイク〜」

保育士（素直な反応にうれしくなり）「じゃあ、早い新幹線で行こうか？　ＭＡＸやまびこにする？　つばさにする？」

タッくん「ウウン、フツウデンシャ‼」
　あぁ、かっこいい新幹線を言ったのに普通電車がいいなんて。そういえば、山手線が好きだって言ってたもんな。ともかくタッくんは、自分が電車になり、ごっこの感覚でトイレに向かいました。その後も、トイレに行く際は「何電車で行く？」と言われるのを楽しみにしているタッくんです。

草苅啓之さん（東京・高砂保育園）

　ここで保育者は内心あせったり迷ったりしながらも、子どもの「今は遊びたい！」と、「○○が好き！」の、2つの気持ちに依拠して、たっぷりと「間」をとってかかわっています。そうすることで、子どもは自ら「トイレに行く」という行為を選び取り、そこに向かうことができるようになったのです。

3）集団保育ならではの悩みと強み

　2歳児保育では「受け止めて、切り返す」、そして「間」が大切となります。言葉にするとシンプルですが、きょうだいのいる家庭や保育園・幼稚園のような集団保育の場では、なかなかそのようにしっかりと受け止めきれない状況があるのも事実です。たとえば、次のような事例があります。

ごっこですぐつながれる環境は保育園ならでは

episode,10　受け止めたいけど……

　5、6月ごろの朝の受け入れの時間、ゆなちゃんが泣いて抱っこを求めてきたので、抱っこをしながら他の子とかかわっていました。そこへまりちゃんが登園。「受け入れをしなきゃ」と思い、いったんゆなちゃんをおろして、まりちゃんを抱っこします。すると、おろされたゆなちゃんが「抱っこ〜」と泣いて、まりちゃんをどけようとします。まりちゃんも「まりが〜」とグズグズ……。その様子を見て、さっきまでかかわっていたそうたくんも「おんぶ〜」とぐずりはじめてしまい、みんな涙、涙、涙……。

column 1　一人ひとり違いを認めるなかで育ち合う　　森岡美穂　岡山・岡山協立保育園

　朝来ると必ず「もーせんせい！」と言って飛びついてくることちゃん。あるとき、「もーせんせい！　なおくんのもーせんせい！」と言ってやってきました。なおくんが登園すると「なおくん、もーせんせいおるよ」と声をかけています。なおくんはダウン症で筋肉の緊張が弱いため、運動面の発達もゆっくりで、0歳児のころから森岡がほとんど1対1でかかわってきました。ことちゃんはいったいどんな思いで「なおくんのもーせんせい」と言っているのでしょうか。

　クラスで一番小さいことちゃんも0歳児のころから森岡が担当してきました。ことちゃんは入園当初、体の緊張が強く援助がたくさん必要な子でしたが、人とのかかわりも増えてきて、立ち直りもスムーズになってきたので、2歳児クラスからは新しい保育士に担当してもらうことにしました。はじめは森岡を求めてきましたが、その時々に受け止めながら、少しずつ新しい保育士へと引き継いでいくなかで、次第に新しい保育士のことも受け入れられるようになりました。今思うと「なおくんのもーせんせい」という言葉は、そのころから見られはじめたように思います。

　ことちゃんは自分も困った時や必要とした時に森岡にかかわってもらった経験があるため、なおくんもそうあってほしいという思いが、「なおくんのもーせんせい」という言葉にあらわれ出たのではないかと思いました。0歳児クラスからの積み重ねの中で、子どもたちは少しずつおとなとの距離を広げていきながら、自立に向けて育っている、「依存しつつ自立している」のではないでしょうか。そういう過程がことちゃんの言葉の中に見えた気がします。

　なおくんと1対1でかかわっている時、他の子どもたちのことをどうしても見てあげられない時があります。そういう時は子どもたちに状況を説明し、「今、みんなのところに行けないから、仲よく遊んでいてね」とか「なおくんの着替えを引き出しからとって来てくれる？」などと助けてもらったりします。子どもたちも、自分たちのできることはやってみようとがんばってくれる姿があります。終わったあとに「ありがとう、助かったよ」と認めると、誇らしげにほほえんで、大きくなった自分を実感しているようです。

　運動会の取り組みでもなおくんは、練習するみんなを見て、同じようにはできないけれど、平均台のかわりにベンチイスの上を歩いてみたりなど、最後まで自分の力で何度もくり返し取り組む姿が見られました。道具は違うけど同じようにがんばっていることがわかった子どもたちも応援をはじめました。

　そのころから、なおくんに対して「こうやるんよ」とあそびや生活の場面で具体的にやり方を伝えようとする子どもたちの姿も増えてきました。また、なおくんもおとなが言葉で伝えるよりも、友だちの行為を模倣しながらできることが増えてきたように思います。一人ひとりの違いを認めていくなかで子どもたちも集団として育ち合い、友だちに認められることで一人ひとりもまた育っていくのではないでしょうか。

「何か別のもので興味をひいたら、気持ちがそこに向くかも」と思い、急いで紙芝居を読もうとするものの、そんな状態で読めるわけもなく、紙芝居を見に集まってきた他の子までが崩れはじめてしまいました。

(2歳児クラスの悩みについてのアンケートより)

　この保育者も述べているように、いったん気持ちを受け止めて落ち着かせたあとに、別の何かへとうまく気持ちを切り替えることができるよう、保育者が支えうながすことがここではポイントとなりますが、実際の保育場面では、受け止めが必要な子どもが一度にたくさんいる場合、なかなかそれもうまくいきません。

　一方、子どもも複数ならば、保育者も複数いるのが集団保育のよいところです。たとえば、登園してもまだ眠くてぐずっている子に対して、「〇〇ちゃんまだねむいんだ。ここで少しねてようか？」と忙しい担任保育者にかわって事務所の先生がゆったりと声をかけてくれて、実際にふとんを運んで敷いているうちに、子どもの気持ちも立て直って、自分から友だちのところへ向かっていけた、といった事例もあります。子どもと一対一で向き合っているうちに、つい感情的になってしまったときなども、頼りになるのは同僚の保育者です。

大好きなおとなに受け止めてもらって

episode,11　あとに引けなくなって

　給食に野菜が出ると固まってしまうマモルくん。「お野菜減らしてほしい人は言ってね」と投げかけるのですが、自分から言い出すことができません。野菜を残したままじっと座っている日が続き、いつも保育者が助け船を出していました。

　この日も給食がはじまると、いつものように最後に苦手な野菜が残り、何も言えず固まっているマモルくん。このままでは自分の思いを言えなくなるのでは？　と思い、今日は何も声をかけずに様子を見ることにしました。みんな食べ終わっていく中、マモルくんは座ったまま。私はいい加減しびれを切らして「どうするの!?　いつまでも座ったままだとわからないよ！　ちゃんとお話ししないと！」と強い口調で伝えました。マモルくん

はいつもと違う雰囲気の私に驚き、黙ったまま……。「お野菜が苦手だったら減らしてもいいんだよ。でもマモルくんがお口で減らしてって言わないと先生はマモルくんのことわからないよ！　わかった？」と言うと、「うん」とうなずくだけ。「何もお話しできないなら、もうご飯はおしまいね！」と私は食器を下げました。大泣きするマモルくん。私もあとに引けなくなり、もう一人の担任、山岡先生（仮名）にバトンタッチ。

　山岡「マモルくん。なんで本田先生に言われたの？」
　マモル「お野菜減らしてって言わなかったから……」
　山岡「そうだよね、なんにも言わなくて座ったままだったら、マモルくんのことわからないもんね」
　マモル「うん」
　山岡「お野菜苦手だったら、減らしてって言ってもいいんだよ！　わかった？」
　マモル「ちゃんとお話しする！」

　私はとっても驚き、反省しました。私との関係で言葉を出さなかったマモルくんが、別の保育者が間に入ってくれたことで、ちゃんと自分の置かれている状況や気持ちを話すことができたのでした。マモルくんは話せないわけではなく、保育者の言葉もちゃんとわかっていたのでした。

本田真知子さん（神奈川・私立保育園）

4）行きつ戻りつ、くり返し

　子どもと正面から向き合ってじっくりとていねいに受け止めていたつもりでも、実際には子どもの気持ちとはズレたものであり、結局「受け止め」も「切り替え」もうまくできず、ゴネゴネがいっそう長引いてしまう……なんてこともよくあることです。とはいえ、じっくりとていねいに向き合うからこそ、子どもの本当の気持ちにも気づくことができるというのもまた事実です。「そういうつもりだったのね」と保育者が気づいた時点でもう一度もとに戻ってやり直してみたという次の事例を見てみましょう。

2歳児の発達を支える保育 ●第3章

episode,12 これやってからなの！

　お昼寝から起きる時間、「おはよー！」とみんなを起こして回り、次々に担任がふとんをたたみました。けんすけくんはいつまでもふとんの上に座っているので、「さあ、おふとんしまうからね」と担任がおしいれに片づけてしまいました。ベソをかくけんすけくんに、「ごめんね。でも、今日のおやつはアイスクリームだから、早く着替えて溶けないうちに食べようね」と言いながら、抱っこして部屋まで連れて行きました。でも、けんすけくんは怒ってしまい、なんとしても納得せず、決して着替えようとはしません。

　じつはあとから気づいたことですが、けんすけくんはそのとき、ふとんの上に座ってパジャマのボタンはめに挑戦していたところだったのです。それで、「これやってからなの！」と怒っていたのです。それは悪かったと反省し、けんすけくんにあやまりました。そして、もう一度ホールへ行ってふとんを敷いてやり直し。やっと納得したけんすけくんはニッコリ笑顔で着替えると、おいしいアイスクリームを食べました。

頭金多絵さん（元東京・墨田区立保育園）

episode,13 自分で階段を降りるの！

　ホールで音楽演奏会を見学し、部屋に戻ってきたときのこと。一番最後に保育者と帰ってきたトシオくん（2歳5ヵ月）が、大暴れしながら泣いていたので、一緒にいた保育者に理由をたずねてみました。すると、「ホールからの帰り道、階段の手すりを持って降りたかったトシオ

なんとしても最後までやり遂げたい

くんでしたが、後ろの混雑を気にして残り3段のところで保育者が抱っこをしてしまったので怒っている」とのことでした。足をバタバタさせながら怒って泣いているトシオくんの様子を見て、「じゃあ、もう1回ホールに行ってみる？」と声をかけると、大きな泣き声とバタバタしていた手足がピタッと止まり、「うん」とうなずきました。そうして、もう一度ホールに戻ってやり直し。階段の上から下まで手すりを持って降りると、さっきまで泣いていたのが嘘のようにニコニコ笑顔に変わりました。その後、「トシオくん、最後まで手すりを持って階段を降りたかったの？」と聞くと、「うん。トシくんえ〜ん、え〜んって泣いたよな」とまるで人ごとかのように

column 2　子どもたちでケンカを解決

頭金多絵　元東京・墨田区立保育園

「ケンカしたらいけません！」「ハイ、順番よ。○○ちゃんの次は○○ちゃんね」「3つあるから1人1個ずつですよ」と、おとながなんでも決めてしまってケンカが起こらないようにすることがよいことでしょうか？　クラスの中で3歳をこえた子たちが増えてきて、いつもいつもおとなが間に入って仲裁しなくても、自分たちの力で解決するような姿がみられはじめました。

＊　＊　＊

かりんちゃんが座ったところに、タッチの差ではやとくんがあとから割り込み、席とり合戦開始！　しばらく様子を見ていると、2人ともはげしく泣き出しました。どうも収まりそうもないので、保育者がはやとくんに「今度座ろうか……」と説得開始。でもどうしても、その位置に座りたいはやとくん。「やだよー」と泣くばかり。反対側に座って2人の様子をじーっと見ていたゆりちゃんが、「はやとくん！　いいよ」と言って、自分はサッと立ち、他の場所へ座ってくれたのです。はやとくんも泣きながら「ゆりちゃん、ありがとう」といって、おいしいおやつとなりました。めでたしめでたし……。

＊　＊　＊

室内おもちゃで人気の一つの八つ車をけんすけくんとはやとくんがとり合い。どちらもすぐには譲らないタイプですから、とり合いもはげしくなってきます。しかし、とうとうけんすけくんの粘りに根負けしたはやとくん。このはやとくんに自分の乗っていた八つ車を持ってきて、慰めるようにやさしくはやとくんの顔をのぞき込んで「ハイ」と渡してくれたのは、みさこちゃんでした。

＊　＊　＊

昼食時のことです。一つの席をめぐって、かりんちゃんとゆりちゃんがとり合いをはじめました。イスにゆりちゃんが座り、その上にかりんちゃんが座ったきり、2人とも動きません。保育者もどちらが先に座ったのかを見ていなかったので、仲裁に入るわけにもいきません。その後、おかずを運ぶときもケンカしていたのではこぼしてしまうので、保育者が「2人ともお話しして、ケンカ終わってから運ぼうね」というと、しばらく2人で向き合っていましたが、急に2人とも晴れ晴れとした顔で、おかずを運びはじめました。他の子がおかずを運ぶのを見届けてから、2人のほうへ……と保育者は思っていたのですが、どうやらこのケンカは保育者を必要とせずに仲直りができたようです。

＊　＊　＊

何度もケンカをくり返しながら、「自分と同じ要求をする友だちがいる」ということを少しずつ認識していき、譲ってあげたり、貸してあげたりすることができるようになってきます。そして、はやとくんのように実感としての「ありがとう」もわかってきます。かりんちゃんも「自分」を主張できるようになってから、友だちへのやさしさが見えてきました。このようにケンカも子どもたちにとってとても大切なもの。危険のないように見守りながら、ケンカはこれからも大いにやらせていきたいですね。

笑って話してくれました。

　　　　　　　　　　　　　　松家由里子（岡山・高島第一保育園）

　これらの事例のように、子どもが他人の手を借りずになんとか自分でやり遂げたいと思っていた矢先、そのことを知らないおとなが「あらあら、大変そうね」となんの悪気もなくつい手を貸してしまい、結果、とんでもなくはげしい抗議にあったということはよく耳にする話です。かくいう筆者自身も、娘が2歳半ばのとき、食事場面でなかなかイスに座れなかったり、座ろうとしなかったりするので、ひょいと抱き上げて座らせてやると途端に大泣きされたということがよくあります。もとに戻ってやり直し、ようやく気持ちが立ち直ったかと思えば、また別の場面で崩れる、のくり返し。しかも、集団保育の場では、一年を通じて、同時に、あるいは時差をともなって、どの子もみんなそうしたていねいなかかわりを求めているのです。2歳児クラス担任の保育者の方たちには、まったく頭の下がる思いです。

２　友だちとのつながりあいを支える
ふくらんだ思いと思いが響きあう

しっぽとったよー！……さてどうなるか⁉

１）押したり引いたりで育つたくましい自我

　大好きなおとなとのかかわりの中で、認めてもらえた、わかってもらえたという体験の積み重ねを通して、一人ひとりの自我がふくらみ、それにしたがって仲間同士の自我と自我とがぶつかり合い、トラブルの発生がピークになる2歳児クラス。保育者は、「○○ちゃんも使いたかったんだよね」「でも、△△ちゃんが先に使っていたんだから、かしてほしいときには『かして』って言おうね」など、共感と理解を示す一方で言葉を介して思い

column 3　じゅんばん①守るためではなく仲間と楽しむため　森岡美穂　岡山・岡山協立保育園

　夏のプールが終わると、運動会に向けて運動あそびの取り組みがさかんになってきます。何度もくり返し楽しめるようにしていますが、「順番」を待つこともあります。できるようになると何度もやりたいので横に割って入ってしまう姿もありますが、「はじまり」と「終わり」がどこかを伝え、「○○ちゃんの次だからね」と言いながら「順番」を伝えていきました。

　ゆうくんは運動発達がゆっくりで、高いところでバランスをとって歩くことが苦手です。平均台代わりのベンチイスを歩くとき、自分のペースでゆっくり進んでしまうので、時には「早く行って」とトラブルになります。そんな時、「ゆうくんはまだゆっくりしか行けないんだよ。ちょっと待ってくれると助かるな」と声をかけ、違いを説明するようにしていきました。待ってくれた子に「待ってくれたからゆうくんもできたよ。ありがとう」と感謝すると、まんざらでもなさそうな表情です。ゆうくんも、安心して最後まで取り組むことができてうれしそうです。

　4月に入園したあっくん。はじめはうまくできなかった斜面のぼりができるようになり、「もっとやりたい」気持ちがめばえてきています。以前はなんでもちょっとやったらすぐにどこかに行ってしまっていたあっくんだったので、これは画期的なことでした。「もっとやりたい」思いがふくらんできた半面、「やりたい」という要求を強く出すようになりました。「順番」を待つことなんてまっぴらです。

　あっくんにとっては今やりたいことを満足するまでくり返すことが大切で、満足できるようになれば「順番」も受け入れられるようになるのではないかと考えました。それにはまわりの子の協力が必要です。「順番」が待てる子には、「あっくんはね、『待って』って言われたら、まだつらくなるんだよ。先にさせてあげてもいいかな？」とお願いしてみました。まわりの子たちは、あっくんの普段の様子を知っているので、譲ってくれました。あっくんは何度もくり返して楽しむことができました。譲ってくれた子も「助かったよ。ありがとう。さすが3歳だね」と認められ誇らしげ。あっくんは好きなことを満足するまでくり返すことができたことで、その後は少しなら待つことができるようになりました。

　「『順番』が待てたほうが大きいんだよ」「でもね、まだできない子もいるんだよ」というふうに、こうなってほしいという姿と、まだそうなれない段階の子もいることを伝えていく中で、子どもたちは、自分でどういう自分になりたいのかを選んでいるのではないでしょうか。もちろん、なってほしい姿を選べない子もいるので、そのことも受け入れていきます。自分で選んだことを認められることが肯定感につながり、自分とは違う友だちのことも受け入れることができるのではないかと思います。

　「順番」は守れたほうがいいけど、「守る」ために「守る」のではなくて、子ども自身が楽しい活動があって、仲間と一緒に楽しむために「守ったほうが気持ちいい」から「守りたい」ものなのではないでしょうか。

を伝えることの大切さを伝えたり、「○○ちゃんに『どうぞ』って渡してね」「△△ちゃんに『どうもありがとう』って」など、日ごろからモノを介して子ども同士のつながりをつくるよう心がけたりしています。保育者としては子どもの自己主張を成長の証しとして認めながらも、自分の思いばかりを押し通そうとするのではなく、時に自分の思いを抑えて相手の思いを尊重することができるようにと、支え見守っているのです。

episode,14 「かして」「イヤ！」

お部屋でブロックをして遊んでいたケイくん（2歳7ヵ月）。レゴブロックの電車が大好きで、プラレールで線路をつくって走らせて遊びます。ササッと大急ぎで電車を手に取り、2～3台連結させて、右手にも左手にも持って離しません。あとからやってきた友だちに「かして」と言われ、「イヤ！」「ケイくんのじゃ！」と言います。「じゃああとでかして」と言われても、「う～ん」と言葉をにごして、結局ずーっと離そうとしません。保育士に「みんなのおもちゃだよ。2個ずつにしよう」と声をかけられると怒り出し、それでもしぶしぶお友だちに分けてあげるケイくんです。

小野田晴美さん（岡山・岡山市立保育園）

ここおさえててあげるね

「かして」「いいよ」という友だち同士のやりとりを通して順番の遵守や譲り合いを学んだあとでも、それを実行に移すことは2歳児にとってなかなか至難の業です。どうしても自分の「こうしたい」という思いが上回ってしまうのです。しかもクラスの子どもたちの自我の育ちには個人差があるため、「平等に」「とにかくルールだから」という杓子定規な対応は、子どもたちの実態にも合わないことがあります。子どもたちの中にめばえた「やりたい」気持ちや、大きくなったという「誇り」を大切にしつつ、自分とは異なる他者への理解につなげたり、深刻な雰囲気になりがちな場面を心地よいうたのリズムにのって切り抜けるなど、みんなで遊ぶ楽しさを前面に出す工夫も2歳児保育では求められていると言えるでしょう。（→column3・4 じゅんばん①・②参照）

column 4　じゅんばん②「ぽーっとなったらかわりましょ♪」　永村由香　東京・青戸福祉保育園

　公園にお散歩へ行った時のこと。1台しかない車の乗用玩具に数人集まります。車にまたがりうれしそうななっちゃん。なかなか降りそうになかったので、「1、2、3、4～♪　おーまけのおーまけのきしゃぽっぽー！」（『ノンタンぶらんこのせて』キヨノサチコ作・絵、偕成社、に出てくるうた）と歌いはじめると、待っている子どもたちも一緒に「ぽーっとなったらかわりましょ♪　1、2、3、4、、、、かーわって♪」と大合唱。「なっちゃん、かーわって♪」と声をかけると「やだー！」と車にしがみつきます。

　「なっちゃん、もっと乗りたいの？」に「うん」とうなずく。「もっと乗りたいけど、もえちゃんもしんくんもゆずちゃんも、車に乗りたくて待ってるよ。ほら、見てみて」と言うと、なっちゃんは友だちの顔をじっと見たあと、「やだー！」と車にしがみつきました。それを見たもえちゃんが「もえちゃんもー！」となっちゃんを押してよじ登ろうとします。

　「ちょっと待って。なっちゃんね、もう1回乗りたいんだって。もう1回歌ってみようか？」と言うと、「うん。いいよ！」とまた大合唱に。再び「かーわってー♪」のフレーズになり「なっちゃん、かーわって♪」と声をかけるとやっぱり「やだー！」。「なっちゃんまだ乗りたいよね。でもみんなも車に乗りたくて待ってるよ。順番こしよ？　かーわって？」と言ったものの絶対にかわってくれない雰囲気。園に帰る時間もせまっていたので「なっちゃん、次はもえちゃんね。しんくんとゆずちゃんが乗ったらまた乗ろうね」と抱き上げて車から降ろすと、「やだー！」と泣きべそになって車にしがみつこうとします。

　なっちゃんを抱っこしながら続きを歌うと、なっちゃんは車に手を伸ばしながらも友だちの様子を見ていました。降りたがらなかったもえちゃんは2回歌うと交替してくれました。高月齢の2人は「かーわってー♪」のフレーズに「いいよ！」（私、ちゃんとかわれるよ！　という感じで）ちょっと誇らしげに交替。

　そしてまたなっちゃんの番に。「なっちゃんの番になったよ。ゆずちゃんかわってくれたね。うれしいね」と声をかけるとニコニコ。でもまたかわる時がきても「やだー！」となっちゃん。「また順番こで乗れるよ」と抱き上げると「やだー！」と言うもののさっきよりは小さい抵抗。

　その後も「ぽっぽーのぽー♪　かーわって♪」「どうぞ！」と次々とかわってくれる子どもたち。またなっちゃんの番になりました。「なっちゃんの番になったよ。ゆずちゃん、かわってくれたね。待ってたら、なっちゃんの番になったね」と言うとうれしそうにうなずいて車によじ登り、揺らすなっちゃん。

　そしてまた「かーわって♪」のフレーズ。なっちゃんは一瞬の間があいたあと「どーじょ……」と自分で車を降りようとします。「なっちゃん、かわってくれるの？」と聞くと恥ずかしそうに、うれしそうに「うん」とうなずきます。「なっちゃん、かわってくれてありがとう！」と思わずぎゅっと抱きしめると満面の笑み。「なっちゃん、かわってくれたね！」と友だちの顔もニコニコでした。

こうしたさまざまなバリエーションの葛藤場面を何度も積み重ねていくうちに、あるいは、「どうぞ」「ありがとう」などのやりとりを通して友だち同士つながりあう体験や、「友だちと一緒が楽しい」と実感する体験を積み重ねていくうちに、自分を主張して「押す」ばかりではなく、自分を抑えて「引く」ことの大切さが少しずつわかってきます。子どもたちの中にも少しずつ「心のゆとり」のようなものが形成されていくのです。

2）友だちと一緒は楽しい

　自分の主張を押し通してばかりでは、友だちとの楽しいあそびの世界が開かれていかない、そんなことも子どもなりに気づき、学んでいきます。先の事例で友だちに大好きなブロックをなかなか手渡すことができなかったケイくんも、数分後には何事もなかったように、ケロッとした表情で友だちと仲よく遊んでいたそうです。この事例を書かれた保育者は、「気に入ったものは独り占めしたいけれど、少しずつ友だちと一緒に遊ぶ楽しさもわかりはじめたのかなぁ」と述べています。自我と自我がぶつかりながらも、一方で友だちの存在に気づき、つながりを求めて、友だち同士の支え合いの中で自我を育んでいっているのです。たとえば、こんな事例があります。

あの砂場までがんばって運ぼう

episode,15 手を取り合って

　お散歩中、しゃがみこんで「歩くの、イヤー！」と言い出したななみちゃん。それを見たりょうくん。走ってななみちゃんのところに行き、顔をのぞき込んで声をかけ、手をつないでやります。すると、「イヤー！」と言っていたななみちゃんの表情もニコニコ顔に変わって、一緒に歩いてくることができました。
　また別の日、午睡前にホールで遊んだあと、「もうお昼寝だからお部屋に入ろう」と保育者が声をかけると、たつるくんが「まだ遊びたい！　お部

屋に入らない！」と言って聞きません。それを部屋から見ていたくみこちゃん。駆け寄って声をかけ、手をつないで呼んできてくれました。2人ともとてもいい表情をして、お部屋に戻ってきてくれました。

長谷川あやさん（埼玉・あかねの風保育園）

「ああしたい」「こうしたい」という思い。でも思い通りにならない現実がある。そんな矛盾と葛藤の中で、それでも自分のことを気にかけて、一緒に笑い合ってくれる友だちがいるという現実は、その子の強情になりかけた思いを解きほぐし、晴れやかで前向きな気持ちにさせてくれるのかもしれません。「自分を尊重してほしい」という自尊心も、友だちとのかかわりの中でいつの間にかやさしく満たされていったのでしょう。

では、2歳児の大きくふくらんだ自我と自我とを心地よく響きあわせて、「友だちと一緒は楽しい」をさらに実感していくためには、どのような生活やあそびが考えられるでしょうか。友だちと一緒の楽しさは、次から次へと愉快な想像がかきたてられる自然豊かな環境の中へ、楽しいお話の世界を友だちと共有しながら出かけていったときに、より強く実感することができます。そこでは2歳児独特のノリのよさがいかんなく発揮され、心が動けば体も動くといった楽しい時間が刻まれていくわけですが、最後にそんな事例を見ていくことにしましょう。

episode,16 「あっち向いてブー♪」「こっち向いてブー♪」

紙芝居で『三びきのこぶた』を読んで以来、「オオカミとブタ」ごっこが大好きな子どもたち。保育者がオオカミになって、ブタになった子どもたちを追いかけます。これを広いたんぽぽ畑で遊ぶのが大ブーム。

原っぱに着くと、「オオカミさん、こっちだよー！」と余裕の表情を見せるようだいくん、そうくん、あおいちゃん、たつくん。ガオーと追いかけるとキャーキャー叫んで草むらに隠れます。その草むらというのがレンガの家です。「ガチャガチャ……」と必死に鍵をかけるまねをするのはレイくんとこうたくん。全員がレンガの家に入ったら、オオカミとブタのやりとりのはじまりです。

オオカミが「トントントン！」と戸をたたくと、「何の音？」とブタが答えます。オオカミが「風の音」「飛行機の音」「車の音」と言うと、手を大き

く回して「あー、よかった！」とニコニコドキドキ。「おならの音」「〇〇ちゃんのおしっこの音」と言うと、鼻をつまんで「くっちゃーい！（笑）」と、その場に倒れこむ子までいます。でも、みーんなこのフレーズを待っているんです。たまに「オオ……きな時計の音」などのひっかけ言葉を言うと、すぐ逃げる準備をします。でも、ひっかけとわかると照れ笑い。そして、とうとう「オオカミが来た音！」と言うと、一目散に原っぱへと逃げていきます。

　いっぱい逃げ回ったら、またレンガのお家へと戻ります。「火を燃やそうよ」とるなちゃんが言うと、「ボゥボゥ」と手を上下させて火に見たてて、オオカミが入ってくるのを待ちます。ブタさんの思惑通り、オオカミが煙突から落ちてきて「あちちー！」と逃げると、「やったー!!」と大喜び。「オオカミ、逃げちゃったぁ。あっちの方に行ったよ」と教えてくれるさやかちゃんの言葉に、ブタさんたちの視線は一斉にススキのトンネルの方に向けられます。

　ススキのトンネルはなんとも怪しい雰囲気。ドキドキしながら進んで行きます。「こわくないブーよ」「オレもブー」と言って、一番後ろで手をつなぐようだいくんとレイくん。りえちゃんとゆうやくんは「あっち向いてブー♪」「こっち向いてブー♪」と歌ったりしながらみんなについて行きます。いつの間にかみんなが歌いながら歩いています。

　トンネルを越えると草が生い茂ったオオカミの家に着きました。今、何か動いたよ」と保育者が言うと、ピタッと動かなくなる子どもたち。そこにひろとくんが「何かあったよー！」とお菓子のゴミを拾ってきます。「オオカミが食べたやつだ！」とたつくん。こわくなってものすごいスピードで逃げていきました。

こ、これはいったい何者だ⁉

宮澤麻梨子さん・川上ちひろさん（埼玉・あかねの風保育園）

第4章 2歳児の保育実践で大切にしたいこと

❶ 「やってみたい!」思いが育つころ

1) 2歳児にとっての「喜び」や「希望」とは

　子どもとは、「喜び」や「希望」に向かって生きていく存在です。では、2歳児にとっての「喜び」や「希望」とはなんでしょうか。これまでの3つの章では、そのことを折にふれて述べてきましたが、改めて簡単にふり返り、まとめてみたいと思います。

　第1に、全身運動や手指の操作をはじめとする運動面の発達に関しては、次の3点にまとめることができます。

①体全体を目いっぱい使ったあそびを楽しむことができること。
②手指の細かい操作が必要なあそびを楽しむことができるようになり、また生活場面でもその力を発揮するようになること。
③「こうしたらこうなる」というように原因と結果を関連づけて考えることができ、またそうした活動に参加できるようになること。

第2に、イメージや言語をはじめとする認識面の発達に関しては、次の3点にまとめることができます。

①身近な世界で出会うさまざまなモノやコトを意味づけ、また身近なおとなや友だちにあこがれを抱きながらイメージを豊かにふくらませ、「見たて」「つもり」の世界を楽しむことができること。
②言葉の数も増え、発音もより明確になり、二語文、多語文をつくって会話することができるようになること。
③自分の思いを大好きなおとなや友だちに伝えることができるようになること。

第3に、自他関係の理解や社会性をはじめとする自我の発達に関しては、次の3点にまとめることができます。

①自他の同型性や個別性に気づき、他のだれでもない「かけがえのない自分」を意識し、発揮できるようになること。
②やりたいことやあこがれの思いがふくらみ、その実現に向けてまわりの世界に能動的・主体的にかかわることができるようになること。
③まわりのおとなや友だちの行為や心をなぞる模倣や同調の行為を通して、「みんなと一緒が楽しい」と感じることができるようになること。

いらっしゃいませ。ガソリン入れますか？

2）自我を受け止める実践から「みんなと一緒が楽しい」実践へ

さて、こうして改めて見直してみると、2歳児にとっての「喜び」や「希望」とは、運動面や認識面の発達を通して得られる「喜び」や「希望」が日々の生活の中で豊かに積み重なっていくことにより、めばえはじめたばかりの自我がどんどんふくらみ、そうしてふくらんだ自我を土台とし

て、それまで以上に子どもたちがまわりの世界に能動的・主体的にかかわっていくことを通して、さらなる「喜び」や「希望」が得られていく、という構図としてとらえることができます。

ここで重要なのは、運動面や認識面の発達を通して得られる「喜び」や「希望」という第1のステップから、自我の発達をも含みこんだ「喜び」や「希望」という第2のステップへと転換していくとき、そこにはとてもスムーズでシンプルとは言えない、複雑でやっかいな問題が生じてくるということです。より具体的には、第1章でも示したように、2歳児たちは「なんでもやりたがる」姿を見せ、「なんでもやりたがる」かと思えば「揺れ動く」姿を見せ、「揺れ動く」かと思えば「ノリがよい」姿を見せるという具合に、どうにも一様にはとらえ難い姿を示しはじめます。

大切なことは、そのようにして示される2歳児独特の姿をまわりのおとなたちが子どもの「ありのまま」として認め、ていねいに受け止める行為を積み重ねていくことです。そうして日々の保育・子育ての中でしっかりと受け止められ、ときにじょうずに切り返してもらうという実践行為をくり返し経験した子どもたちは、「自分を尊重してもらえた」という安心感や信頼感から、さらにまわりの世界に対して「自分」を発揮するようになります。そして、発揮した「自分」がまわりのおとなや友だちに認めてもらえるという経験を通して、「みんなと一緒が楽しい」という思いを心の中に

図　保育実践を構成する4つの生活・活動の構造

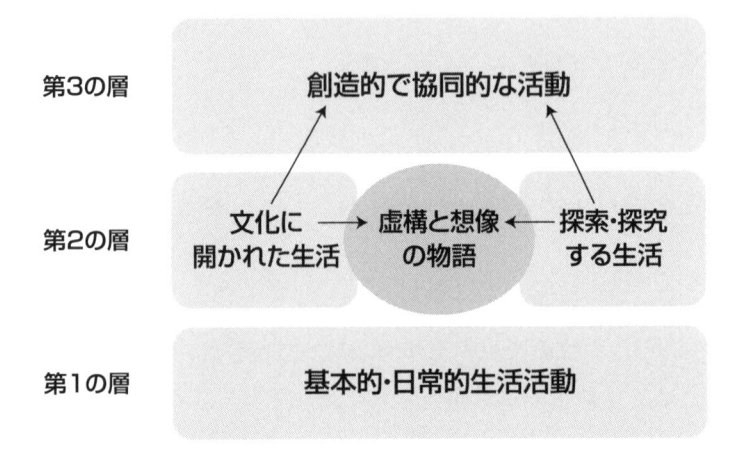

第3の層　　創造的で協同的な活動

第2の層　　文化に開かれた生活　→　虚構と想像の物語　←　探索・探究する生活

第1の層　　基本的・日常的生活活動

深く刻み込むようになります。そうして認められた分だけ、子どもの心の中にはたくさんの信頼できる人が住めるようになっていき、そしてそのことが、4、5歳以降の協同性の育ちへとつながっていくのです。

② 2歳児保育で大切にしたい生活と経験の構造

1）子どもの中に「喜び」や「希望」を育てる保育実践

　2歳児が「喜び」や「希望」に向かって生きていくこと、それ自体がしっかりと保障されている、そんな保育を実現していくためには、どのような生活や経験が構造化されていることが望ましいのでしょうか。

　「序」において述べられているように、子どもの中に「喜び」や「希望」を育てる保育を実現していくうえで大切にしたい生活や経験は、「基本的・日常的生活活動」「探索・探究する生活」「文化に開かれた生活」「創造的で協同的な活動」の4種類に大きく分類・整理することができます。そして、構造的には、「基本的・日常的生活活動」を基礎に、その上に「探索・探究する生活」と「文化に開かれた生活」が豊かに広がり、それらの生活や経験をもとに幼児期後期になると「創造的で協同的な活動」が花開いていくという3層構造にまとめることができます（**前ページ図**）。

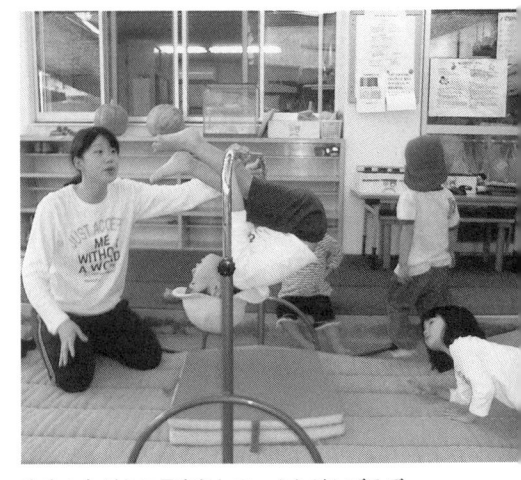

先生と友だちに見守られて、さあがんばるぞ

　2歳という年齢を考えると、この時期は「探索・探究する生活」と「文化に開かれた生活」を通して「虚構と想像の物語」が紡ぎ出されていく時期であり、また、仲間との自我と自我のぶつかり合いを通して「自我発達の物語」が紡ぎ出されていく時期でもあります。

　以下では、2歳児保育における各層の特徴についてくわしく見ていくこ

とにしましょう。

2）あこがれとやりたい思いを出発点に心地よい生活をつくる

「第1の層」である「基本的・日常的生活活動」では、日々の体験の積み重ねをもとにして、「心地よい生活文化」と「心地よく機能する身体性」を形成していくことが目標とされます。身近な保育者や友だちの体や心の動きの中にあこがれややりたい思いをふくらませ、相手の体や心の動きを模倣する行為を通して、徐々に模倣から自分で考えて判断する「自律的な生活」へと高めていく、こうしたことが2歳児保育では大切となります。

あこがれややりたい思い、これこそが2歳児の活動の出発点です。たとえば、食事の場面。最初のうちは苦手で食べられなかったような野菜でも、友だちがおいしそうに食べている様子や、同じように苦手で食べられなかった友だちが食べられるようになった姿を見て、「あんなふうに自分も食べてみたい」「よし、やってみよう」という思いがふくらんで、食べられるようになったという出来事は、2歳児クラスではよく見かける光景です。

衣服の着脱にしても、最初のうちはうまく一人で脱いだり着たりできなかったり、ボタンがうまく留められなかったり、衣服の前後や裏表、靴の左右をまちがえてしまったりします。「できる」「やれる」という思いではじめた子どもたちですから、うまくいかなくてかんしゃくを起こし、途中で投げ出したり、泣いてわめき散らしたりする子もいることでしょう。ここで重要なのは、できないからといって保育者がすぐにやってあげてしまったり、うまくできないことを見越して最初からしてあげてしまったりしてしまわないことです。子どものやりたい思いを大切にして、その部分を評価しながら一人でしたがることはできるだけ一人でさせること、うまくできなくて気持ちが切れそうなときには、それでもできたところを評価して励まし見守りながら、ときにちょっとだけ手を貸してやり、「ジブンデ」という意欲を持たせていくことが大切であるといえましょう。

生活を営む基礎的な集団の形成という点では、やはり食事の場面が挙げられます。食事場面をどのように運営するかは園によってさまざまでしょ

うが、ある特定の時間帯に1つのテーブルを複数の子どもたちが囲むように席につき、一緒に食べるという点ではあまり変わりはないでしょう。この1つのテーブルでみんな一緒に食べるという行為は、子どもたちにある種の所属感や連帯感をもたらすものと考えられます。一緒に食べることで、「あの子もいる、この子もいる」と確認したり、「今日はあの子がお休み」と気づいたり、また、それぞれに楽しくおしゃべりしながら食べることで、友だちの特徴についても気づくことができます。「〇〇ちゃんは△△が苦手だったのに、今日は食べることができた」など、友だちのがんばりにも気づいて、一緒になって喜んだり、励まされたりもします。まだ集団で意識的・組織的に活動することはむずかしい2歳児ですが、「一緒が楽しい」を共有することはできるのです。

当番・係活動などのクラス運営活動という点でも、2歳児クラスではまだまだむずかしさがあります。それでも3歳以上のおにいさん・おねえさんのクラスの様子を見ることで、それにあこがれて次第にある特定の役割に則った行動もとれるようになっていきます。また、日常の見たてやつもりあそびなどであこがれの保育者やおにいさん・おねえさんの姿を模倣することを通して、徐々にその役割行為そのものに目を向け、自ら率先してお手伝いをしてくれるようになります。2歳児のあこがれややりたい思いを保育者がきちんと受け止め、ふくらませるように環境や経験を整えていくことがここでは重要であるといえましょう。

ゆでたてのオクラ、どんな味するかな？

3）探索と文化を心ゆくまで楽しみ想像の世界をふくらませる

①探索・探究する生活

「探索・探究する生活」では、水や砂・土、植物や動物、人工物など身近な環境に対して子どもたちが驚きや不思議心を持って働きかけていくこと

で、環境との間に「意味」をつくり出していくことが目標とされます（加藤、2007、2008）。

　2歳児期になると、歩いたり走ったり、飛んだり跳ねたりする力がずいぶん身につきます。手指を細かく操作して道具を使う力も身につき、身の回りのこともずいぶん行えるようになります。

　散歩などで自然豊かな広々とした場所に出かけようものなら、その持てる走力をフルに発揮して、友だちや保育者との追いかけ—逃げるあそびを楽しみ続けます。高いところによじ登って「ヤッホー」と大きな声を上げたり、狭いトンネルをくぐり抜けてみたり、枝や葉っぱ、木の実を拾い集めたり、虫などの小動物を追い求めたり……。

　園内でのあそびでも、そうした姿は見られます。そこら中の石をひっくり返してダンゴムシを探し歩いたり、近所の人がつかまえてきたザリガニに夢中になり、それをじっと見つめ続けたりします。砂場で深い穴をつくったり、大きな山をつくったりもできるようになってきます。室内においても、積み木を高く積み重ねたり、洗濯バサミを延々とつなげてみたり、お皿にいろんなものを盛って並べてみたり……。改めて０・１歳代のころと比較してみると、それまでの単なる「探索活動」が次第に影を潜め、「表現活動」をともなったものへと移行しはじめていることに気づくことができるでしょう（今井、1990）。

　「探索活動」から「表現活動」への移行は、イメージや言語、記号などを用いて操作する象徴機能が１歳半以降発達してくることで説明がつきます。子どもたちは自らが探索・探求した自然や事物を、イメージや言語などによって再度意味づけ直す作業を行うようになるわけですが、この意味づけ作業の実現には、次に述べる「文化に開かれた生活」の保障が深く関係しています。

②文化に開かれた生活

　「文化に開かれた生活」では、絵本や紙芝居、うたなど身近な人を介して出会う文化を子どもたちが人と心地よく共有していくことで、他者との間に共感的関係をつくり出していくことが目標とされます（加藤、2007、2008）。

　２歳児期になると、言葉の数も爆発的に増え、二語文から多語文へと表

現する力も高まり、言葉を通してのコミュニケーションも活発になってきます。「イヤ」「ダメ」「貸して」「○○ちゃんがするの」「ぜんぶ○○ちゃんの」など自分の思いを相手に突きつける言葉だけでなく、さまざまな言葉があらわれはじめます。

　「これ使っていい？」「あとで貸してね」など相手の思いを意識しつつ自分の思いを伝える言葉、「いれて」「一緒に遊ぼう」など友だちと楽しさを共有したいことを伝える言葉、「いいよ」「○○ちゃんが使い終わったら貸してあげる」など相手の思いを受け入れる言葉、「○○ちゃん、△△したかったの？」「○○ちゃんがほしいって言ってるよ」など友だちの思いを代弁する言葉、「○○ちゃんが守ってあげる」「みんながいるから大丈夫だよ」など友だちを励ます言葉……。そうかと思うと、「なんで雨、降ってくるのかなぁ。お花に水あげるためかなぁ」「こんなに雪降って、疲れないのかなぁ」など、身近な自然や事物に目を向け、そこで感じた不思議さや疑問、自分なりの結論を口にするようになります（あかねの風保育園・長谷川あやさんの実践記録より）。

　人との対話の中で楽しさや心地よさを見出していくにしたがって、言葉を中心とした文化の世界もより豊かに開かれていきます。たとえば、絵本『ノンタン　ぶらんこのせて』（キヨノサチコ作・絵、偕成社）の最後に出てくる「1・2・3、4・5・6、7・8・9・10、おまけのおまけのきしゃぽっぽ、ぽーっとなったらかわりましょ」という言葉は、子どもたちの心をすぐにとりこにします。あそびを終わらせるときやお風呂から出るときなど、子どもの口からすぐにポンとあらわれてきます。絵本『わたしのワンピース』（にしまきかやこ作・絵、こぐま社）を読んでもらったあとは、画用紙にクレヨン、絵の具、シールなどを使った一人ひとりのワンピースづくりがはじまります。何度もくり返し読むうちに、子どもたちの反応もよくなります。保育者の「○○模様のワンピース、わたしににあうかしら？」に対して、「にあうー」「にあうくないー」「にあうんじゃない」など、ノリのよい言葉のオンパレードです。

　うたも子どもたちの心に深く刻まれます。「世界中のこどもたちが」（新沢としひこ作詞、中川ひろたか作曲）、「おもちゃのチャチャチャ」（野坂昭如作

くり返しの中で心に刻まれる心地よい文化

詞、越部信義作曲）など、ふとした拍子に頭の中で音楽が流れると、すぐに手にマイクのようなものを握りしめて即席コンサートがはじまります。わらべうたの「一本橋こちょこちょ」「げんこつ山のたぬきさん」「なべなべそこぬけ」、手あそびの「あたまかたひざポン」（イギリス民謡、作詞者不詳）、「とんとんとんとんひげじいさん」（玉山英光作曲、作詞者不詳）、集団あそびの「むっくりくまさん」（スウェーデン民謡、志摩桂作詞）など、くり返し口に出して遊ぶうちに、そのメロディもリズムもハーモニーも、すっかり体全体に染みついていきます。

子どもたちは出会った自然や事物を自分なりの見方によって意味づけ直します。その意味づけ作業に必要なイメージや言語、記号などは、このように絵本や紙芝居、うたなどを他者と心地よく共有し合うことを通して、子どもたちの心の奥底に深く刻まれていくのです。

③虚構と想像の物語

環境と深く対話し、人と心地よく対話した子どもたちは、次第にそれらの対話を通して得られる喜びや楽しさ、心地よさを心の中で溶け合わせて、「虚構と想像の物語」を紡ぎ出すようになります。

2歳児期における「虚構と想像の物語」の典型例として、ごっこあそびが挙げられます。ごっこあそびは、発達的には1歳半から2歳ごろにかけての象徴機能（経験したことを言語やあそびや描画など、さまざまなかたちのシンボルに置き換える働きのこと）の発生を契機としてあらわれるようになります。つまり、時期が来れば自然とそれはあらわれると考えることができますが、その一方で、そのあそびがより豊かで充実した内容となるうえで、やはり日々の生活経験が重要な役割を果たすこととなります。

「想像と経験は相互に依存し合う関係にある」と述べたのはロシアの発達心理学者ヴィゴツキー（2002）ですが、経験が豊かになれば想像も豊かになり、想像が豊かになれば経験も豊かになります。つまり、「虚構と想像の物語」は、「探索・探究する生活」の中で環境と深く対話する経験を豊かにし、「文化に開かれた生活」の中で人と心地よく対話する経験を豊かにすることで、はじめて豊かなものとなりうるのです。

身近な自然や事物に対して「すごい」「不思議だ」「どうして？」「なん

で？」と目を輝かせ、その驚きや不思議さを仲間と共有し合うことに喜び
を感じながら、仲間と一緒に新たな意味世界をつくり出していった子ども
たちは、その後、幼児後期になると、仲間とともに主体性と協同性を響か
せながら創造的で協同的な活動を展開していくようになります。

　しかし、その前に子どもたちは、仲間との自我と自我のぶつかり合いの
中で矛盾や葛藤を数多く経験し、また仲間とのかかわりの中で自分を受け
入れられ、認められ、尊重されることを通して、徐々に相手を受け入れ、
認め、譲り合うことができるようになっていきます。友だちとのかかわり
の中で「自我発達の物語」を紡ぎ出すようになるのです。

4）一人ひとりの自我発達の物語にていねいに向き合う

　くり返し述べてきたように、2歳から3歳にかけての
時期は子どもにとって自我をめばえさせ、拡大させてい
く時期です。言い換えると、「自我発達の物語」を紡ぎ出
していく時期であるといえましょう。

　運動能力や認識能力が自分のものとしてどんどん手に
入るにしたがって、子どもは独立した存在としての自
分、すごい自分というものを強く意識するようになりま
す。その結果、「イヤ」「ダメ」という強情・反抗の姿
や、「ワタシガ」「ボクノ」「ジブンデ」と自己主張する姿

みんなでむっくりくまさんをして遊ぶ

がこの時期頻繁に見られるようになるのですが、むずかしいのは、子ども
の側の「こうしたい」「こうなるはずだ」という強い思いと、「こうにしかな
らない」「こういうものだ」という現実とが当然のことながら一致しないこ
とです。

　子どもは自分の思いと現実との間のズレに直面して、「どうしてこうなら
ないの？」と葛藤します。「こうしたい」という強い思いがあるため、当然
ズレのある現実というものを受け入れられるはずもなく、「納得できない」
とばかりに怒りを爆発させたり、悲しみにくれたりします。保育者として
は、子どものこうした思いをていねいに受け止めながら、子どもとの間に

安心・信頼の関係をつくり出し、その安心・信頼を手がかりとして、「こうしたい」けど「こうならない」現実を子どもがうまく受け入れることができるよう、あるいは、たとえ受け入れることができなくても、それが世界のすべてではなく、世界にはもっと楽しいことがたくさんあることを実感し、切り替えていくことができるよう方向づけていくことが大切となります。
　矛盾や葛藤の中でも、保育者との安心・信頼の関係を軸に少しずつ「こうしたい」けど「こうならない」現実を受け入れ、切り替えていくことにより、友だちとのかかわりの中でも少しずつ互いに認め合い、尊重し合い、譲り合う関係を築いていくことができるようになります。友だちの前で自分らしさを発揮し、そうして「みんなと一緒が楽しい」という経験を積み重ねていくことで、子どもの心の中にもたくさんの信頼できる人が住めるようになっていくのです。2歳から3歳にかけてのこの時期に、友だちとともに育ち合った自我が、後の仲間との「創造的で協同的な活動」に大いに発揮されていくのです。

3　2歳児クラスにおける計画と実践の豊かな関係

　さて、ここまで、子どもとはそもそも「喜び」や「希望」に向かって生きていく存在であるという子ども理解をもとに、2歳児にとっての「喜び」や「希望」を整理し、子どもの中に「喜び」や「希望」を育てる保育実践を創造していくうえで大切にしたい生活と経験の構造について述べてきました。ここでは最後に、そのように構造化された計画と、実際に生きて躍動する子どもとの間で紡ぎ出されていく実践との関係のあり方について、少し述べて終わりにしたいと思います。
　「序」において述べられているように、子どもの中に「喜び」や「希望」を育てる保育実践を展開していくためには、子どもを「対話する主体」として認め育てようとする視点がまず大切となります。また、実践を保育者と子ども、あるいは保育者同士や子ども同士による「対話的関係」の中で

展開しようとする視点が大切となります。

　計画と実践との関係で言えば、保育者は保育計画をしっかりと頭の中に入れたうえで、日々の実践に向き合う必要がありますが、とは言え、生身の子どもと向き合っている以上、いつも計画通りとはいきません。また、計画がそっくりそのまま実践されているような保育は一見合理的かもしれませんが、見方を変えると、保育者主導の保育になってはいなかったかを反省してみる必要があります。実際の保育の現場では、子どもとの対話によってつくり出されるさまざまな紆余曲折や、保育者一人ひとりが発揮する「個性」や「ひらめき」によって当初の計画が大幅に姿を変え、予想もしなかった心踊る体験や子ども同士のキラリと光る場面が生まれることもあるでしょう。

　他方、こうした「個性」や「ひらめき」による選択が本当にそのときその場で正しかったかどうかは、ふり返って反省される必要があります。その反省において重要な役割を担うのが、「対話」と言えます。また、保育者相互の対話を有意義なものとするためには、「記録」も欠かすことはできません。子どもの声や要求をていねいに聞き取り、記録し、その読み取りと対応の内容を保育者同士で議論し合う、そんな手間のかかる過程を、保育実践創造の重要な営みとして大切にしていく必要があるのです。

　対話は、「保育者相互の対話」のみに限りません。保育者は日々の「子どもとの対話」の中でその要求をていねいに受け止め、また言葉にならない言葉を敏感に察知し

物知りおじいちゃんと一緒に竹とんぼ

ながら、計画と実践をその都度見直し、練り直していくことが必要となります。子どもを「対話する主体」として育てるという視点からすると、結果として、そうした対話を通して子ども自身の対話能力も鍛えられ、さらには子ども一人ひとりが仲間との関係の中で対話を重視していくことにもつながります。子どもたちはそうして自らの「自我発達の物語」を紡ぎ出していくとともに、「協同する仲間と織りなす物語」を紡ぎ出していくのです。

文　献

- 赤木和重（2004）．1歳児は教えることができるか：他者の問題解決困難場面における積極的教示行為の生起．発達心理学研究、15（3）、366-375.
- 今井和子（1990）．自我の育ちと探索活動：3歳までのあそびと保育．ひとなる書房．
- 今井和子監修（2009）．年齢別2歳児の育ち事典．小学館．
- 岩田純一（2001）．〈わたし〉の発達：乳幼児が語る〈わたし〉の世界．ミネルヴァ書房．
- Kagan, J. (1981). The second year: The emergence of self-awareness. Harvard University Press.
- 神田英雄（1997）．0歳から3歳：保育・子育てと発達研究をむすぶ．草土文化．
- 神田英雄（2004）．伝わる心がめばえるころ：二歳児の世界．かもがわ出版．
- 神田英雄（2008）．育ちのきほん：0歳から6歳．ひとなる書房．
- 加藤繁美（2007）．対話的保育カリキュラム（上）：理論と構造．ひとなる書房．
- 加藤繁美（2008）．対話的保育カリキュラム（下）：実践の展開．ひとなる書房．
- 加用美代子（2008）．二歳児の発達と生活・遊び．全国保育団体連絡会編．自我がふくらむ楽しいくらし（pp.52-64）．ちいさいなかま社．
- 木下孝司（2011）．ゆれ動く2歳児の心：自分なりの思いが宿る頃．木下孝司・加用文男・加藤義信編著．子どもの心的世界のゆらぎと発達：表象発達をめぐる不思議（pp.37-63）．ミネルヴァ書房．
- メルロ＝ポンティ、M.（1966）．眼と精神（滝浦静雄・木田元、訳）．みすず書房．（原著1962年）
- 西川由紀子・射場美恵子（2004）．「かみつき」をなくすために保育をどう見直すか．かもがわ出版．
- 瀬野由衣（2011）．2歳児から見えている世界：遊びの様子を手掛かりにして．木下孝司・加用文男・加藤義信編著．子どもの心的世界のゆらぎと発達：表象発達をめぐる不思議（pp.65-85）．ミネルヴァ書房．
- 高浜介二・秋葉英則・横田昌子監修（1984）．年齢別保育講座：2歳児の保育．あゆみ出版．
- 高岡凡太郎（1990）．ムスメ日記（1）．竹書房．
- 勅使千鶴（1999）．子どもの発達とあそびの指導．ひとなる書房．
- 氏家達夫（1992）．自己調整理論：ケーガン（Kagan, J.）．日本道徳性心理学研究会編著．道徳性心理学（pp.207-217）．北大路書房．
- ヴィゴツキー、L.S.（2002）．子どもの想像力と創造（広瀬信雄、訳／福井研介、注）．新読書社．（原著1930年）
- ワロン、H.（1983）．身体・自我・社会（浜田寿美男、訳編）．ミネルヴァ書房．（原著1938〜56年）
- 矢野喜夫・矢野のり子（1986）．子どもの自然誌．ミネルヴァ書房．
- ザゾ、R.（1999）．鏡の心理学：自己像の発達（加藤義信、訳）．ミネルヴァ書房．

第Ⅱ部

2歳児クラスの
実践の展開

第Ⅱ部では、2歳児クラスの子どもたちの中に「喜び」や「希望」を育てる保育を実現していくためには実践においてどのようなことを大切にし、どのように展開していけばよいのか、そのことについて具体的に考えていくために6本の実践記録を紹介します。

　第Ⅱ部は、第Ⅰ部第4章で述べた3層構造に沿うかたちでまとめられた3つの章で構成されます。

　第1章では、「第1の層」である「基本的・日常的生活活動」に視点を置いた2つの実践記録を紹介します。自立と依存との間で揺れ動く2歳児の発達を保障するためには、保育者を中心とした安心・信頼の関係づくりが不可欠です。子どもたちは保育者との信頼関係や園内での安心できる居場所を基盤として、生活文化や生活習慣を心と体に心地よく刻んでいくわけですが、ここではそうしたクラスづくりの実践を紹介していきます。

　第2章では、「第2の層」である「探索・探究する生活」「文化に開かれた生活」、そしてこれら2つの融合により生じる「虚構と想像の物語」に視点を置いた2つの実践記録を紹介します。好奇心旺盛でノリのよい2歳児クラスの子どもたちが、周囲の自然や事物と親しみ、文化との出会いを楽しみながら、友だちと心地よくつながり、虚構と想像の世界を花開かせていく、そんな実践を紹介していきます。

　第3章では、「第3の層」である「創造的で協同的な活動」へと至る先触れとしての「自我発達の物語」に視点を置いた2つの実践記録を紹介します。自我がめばえ、拡大・充実していく2歳児という時期においては、友だちとの間に自我と自我のぶつかり合いによるトラブルが絶えません。しかし、春には自分の思いをぶつけるばかりだった子どもたちも、秋を迎えるころには、相手を思いやり、譲り合う姿も見られるようになります。ここではそうした仲間とともに育つ自我を支える実践を紹介していきます。

第1章
どの子も安心できる クラスをつくる
「基本的・日常的生活活動」を豊かに

　ここでは、2歳児保育における安心と信頼のクラスづくりについて見ていきます。2歳から3歳にかけての子どもたちは、「やってみたい」と背伸びする心のめばえから、さまざまな面で自立が目立ってくる一方、やってみたもののうまくいかない現実と向き合う中で、ときにかんしゃくを起こして甘えたりするなど、自立と依存との間で大きく揺れ動きます。こうした揺れ動きを2歳児特有の発達の姿として認めたうえで、揺れ動きつつ発達することそのものを保障する環境づくりや集団づくりが求められます。まずは保育者に対する安心・信頼が基礎となりますが、そこで重要な意味を持つのが日々当たり前のようにくり返される生活。以下では、2人の保育者の実践記録をもとに、「基本的・日常的生活活動」を支える保育実践の展開について考えてみたいと思います。

1 一人ひとりのあこがれの気持ちを大切にすすめる新しい環境への移行

実践　森岡美穂　岡山・岡山協立保育園

　岡山協立保育園は、岡山市内の中心部に位置する私立保育園です。設立から40数年を迎え、園舎を新築し、定員を30名増やして新たなスタートを切りました。定員が増えた影響で、2歳児クラスも急遽2クラス編成となり、新入園児も例年ならば1～2名程度がこの年はなんと10名！　ここで紹介する2歳児クラスすみれ2組は、3歳以上児用に設計され

た保育室で新生活をスタートさせることとなりました。

　担当するのは保育歴20数年のベテラン保育者森岡さんと１年目保育士の田中さん（仮名）、派遣保育士の島林さんの３人です（田中さんは６月末に退職。かわりに、保育歴20数年のベテラン保育士が短時間勤務で入職）。以下では、何もかもが予想外のバタバタからはじまったすみれ２組18名（進級児12名、新入児６名）と担任保育者３名の年度当初を中心に夏ごろまでの様子を紹介します。

１）新園舎への期待をふくらませて

　新園舎でのスタート。「念願の新しい保育園での保育がやっと実現できる！」という期待の気持ちはありましたが、新しい環境になること、新入園児を６名も受け入れること、３歳以上児用の保育室での新生活になったことなどから、不安のほうが大きかったというのが正直なところでした。

　４月に新入児６名を受け入れるためには、進級児12名にできるだけ早く新しい園舎や保育者に慣れてもらい、安定して生活を送れるようにと、３月中旬すぎから、進級児12名は１歳児クラスの担任とともに、一足早く新園舎に引っ越しました。

　まず、新しい園舎の探検からはじめました。トイレや手洗い場などの使い方は、担当の保育者が１対１でついて手順を伝えていきました。トイレは最初、全部にドアがついていました。閉めると不安になる子もいるので、１つだけドアを外し、安心して使用できるようにしました。

　保育者の予想に反して、子どもたちはすぐに環境に溶け込んでいきました。それは私たちにとって驚きでもありましたが、これほど早く溶け込むことができた理由としては、次の３つが考えられます。

　第１に、園舎のつくりです。新しい園舎のつくり（→74～75ページ図）は、「排泄→着替え→手洗い→あそび」の動線がわかりやすくなっており、子どもたちが生活の見通しを持ちやすかったのではないでしょうか。

　第２に、新しい人間関係への引き継ぎです。子どもたちとすでに信頼関係ができている現担任が一緒に新しい環境に入り、今まで通りにかかわりながら新しい人間関係へと引き継いでいったことが、子どもの安定へとつながっていったものと思われます。

　第３に、新しい園舎での生活に対する期待感です。環境の変化に対する負担をなるべく減らすための配慮から、古い園舎にいる時から新園舎の話をしたり、建築中の様子を見に行ったりしていたことで、子どもたちの中には、新園舎への期待がふくらんでいったようです。この期待感が大きかったことで、子どもたちはおとなの言葉により注目し、きちんと話を聞いて行動しようとする構えができていたのかもしれません。

新しい環境への移行は、だれしも不安なものです。とくに今回は、保育室の移動と担任保育者の交替のみならず、新園舎への移動や予想以上の新入園児の受け入れ、3歳以上児用の保育室でのスタートなど、不安要素が重なりました。にもかかわらず、子どもたち（おもに進級児）は保育者も驚くほどスムーズに新しい環境に溶け込んでいったわけですが、そこには森岡さんが挙げた3つの要因があったことはもちろんですが、新しい環境への移行をどうすすめるかについて、あらゆる面から園全体でくり返し話し合い、検討してきたことが実を結んだともいえるでしょう。さて、進級児はなんとか新しい環境に慣れていくことができました。次は新入園児です。

2) 園と家庭双方から子どもにとっての最善を探る

　私たちの保育園では、家庭から園への子どもの環境の変化を少しでも緩やかにするために、親子での慣らし保育に取り組んでいます。1週間から2週間、少しずつ保護者から離れ、保育者とかかわる時間を増やしていき、最終的には子どもだけで1日を過ごすことができるようにすすめていきます。この期間に保育者は、家庭の習慣を保護者から引き継ぐようにしています。

　新入園児6名のうち、5名は集団保育がはじめての子どもたちでした。家庭での様子や好きなあそびなど、保護者から情報を得ながらすすめていきました。食事やお昼寝ができるようになった子から慣らし保育を終了しま

す。ほとんどの子は1週間ほどで慣れていったのですが、母親との分離不安が強かったしんくんは、5月のゴールデンウィークごろまでかかりました。

　このしんくんも、お昼寝起きは機嫌よく過ごせていることが多いことがわかったので、お昼寝まではお母さんと過ごしてもらい、午後からは保育者がかかわるようにしていきました。しんくんも母親と引き離されないことがわかると、少しずつ安心して遊べるようになり、少しずつ保育者とかかわる午後の時間帯を延ばしていきました。時間はかかりましたが無理をしないことで、その後はスムーズに園の生活に慣れることができました。

　子どもたちが園での新生活をスタートさせていくうえで、保育者との安心・信頼の関係は不可欠です。その関係づくりの出発点には、子どもがそれまでの家庭生活の中で培ってきた自らの「ありのまま」を受け入れてもらえるかどうかが大きくかかわってきます。

　子どもの「ありのまま」の姿は、家庭での様子について保護者から情報を得ること、園での様子をしっかり観察することを通して把握することができます。しかし、子どもたちがそれぞれの「ありのまま」を表現し、「ありのままを表現してもいいんだ」という安心感を得るためには、それだけでは不十分です。この時点で、子どもがもっとも頼りにして

図 「一人ひとりを大切にする保育」を支える新園舎のコンセプト　　岡山協立保育園

上左　園庭側から見た新園舎。異年齢の交流が自然に生まれる平屋づくり。
上右　園舎エントランス（❶）。2歳児クラスの子どもたちは、手前のベンチに座ってそれぞれのペースで靴を履いたり脱いだり。入ってすぐ正面は手洗いスペース。
　左　駐車場の畑スペース（❷）。いつでも畑の様子がわかり、みんなで栽培を楽しめる。

上左　調理室と一体感のあるランチスペース（❸）。バイキング形式で食事ができる。
上右　可動式の調理台で、子どもたちのつくって食べる活動も充実。
　左　2歳児クラスの保育室の様子。子どもたちの目線に合わせ、天井を低くすることで、安心できるつくりに。熱も逃げにくく暖かい。天窓からは自然の光と風が取り込める。明るくカラフルな色を配置。

第1章 ● どの子も安心できるクラスをつくる

●屋上緑化
断熱作用により、夏は涼しく冬は暖かく過ごせます。自然の緑に囲まれ、開放的でおとなも子どももリフレッシュできます。天気のよい日は屋上でご飯を食べることもできます。

●太陽光発電
地球にやさしい太陽光発電を導入します。余剰電力は、売電します。

●床下収納とコロンブス工法
杭を打たないことで、地域の住宅への影響をおさえました。この工法により、床下に断熱材を敷き詰め、熱効率のよい園舎を実現しました。また、床下収納を作ることができました。

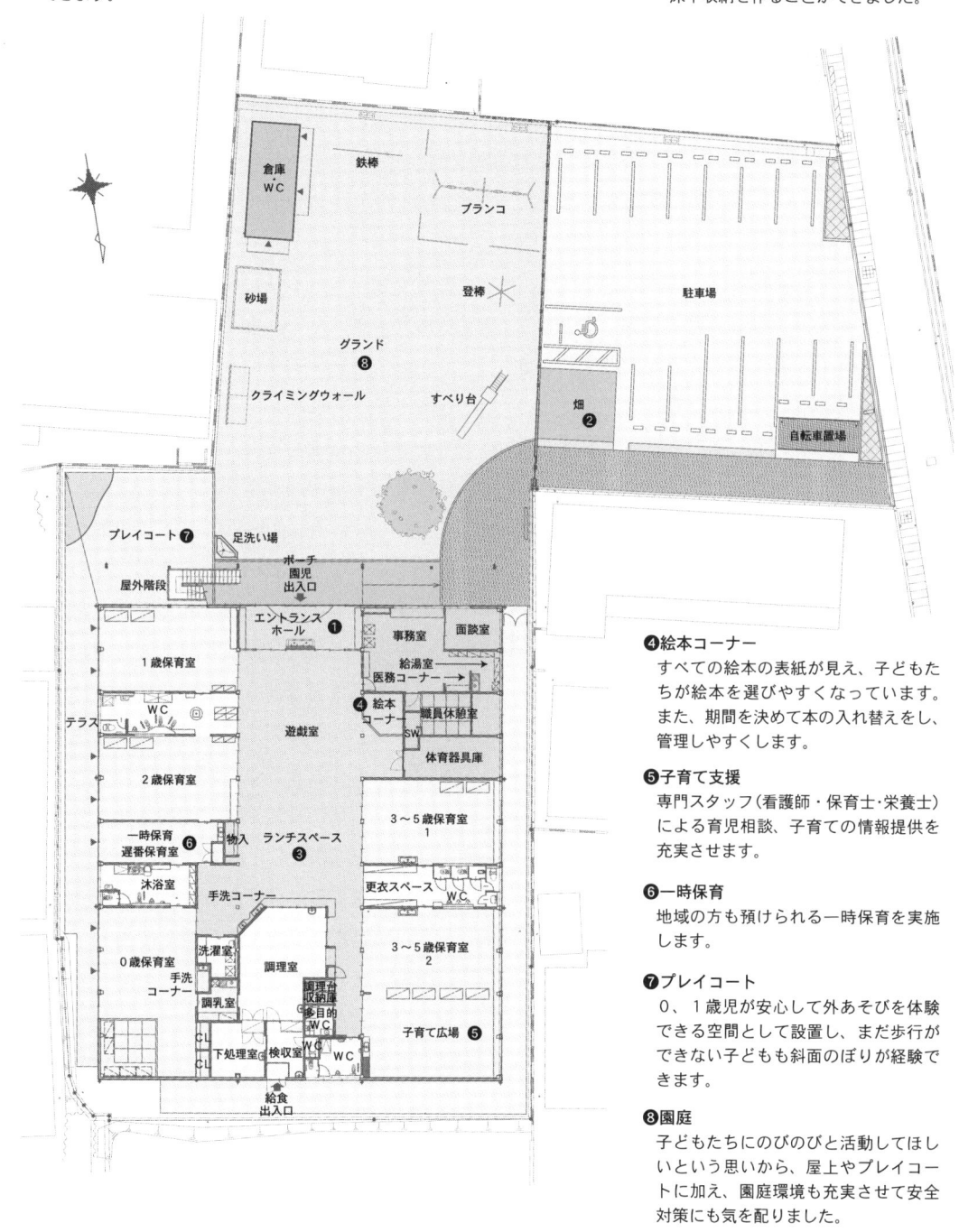

❹絵本コーナー
すべての絵本の表紙が見え、子どもたちが絵本を選びやすくなっています。また、期間を決めて本の入れ替えをし、管理しやすくします。

❺子育て支援
専門スタッフ(看護師・保育士・栄養士)による育児相談、子育ての情報提供を充実させます。

❻一時保育
地域の方も預けられる一時保育を実施します。

❼プレイコート
0、1歳児が安心して外あそびを体験できる空間として設置し、まだ歩行ができない子どもも斜面のぼりが経験できます。

❽園庭
子どもたちにのびのびと活動してほしいという思いから、屋上やプレイコートに加え、園庭環境も充実させて安全対策にも気を配りました。

75

いるのは言うまでもなく保護者です。ですから、保護者からの信頼を保育者が得ること、これが重要な意味を持ちます。「慣らし保育」とは、子どもが園の環境や保育者に慣れることはもちろんですが、保護者が園の環境や保育者に慣れること、そして保護者が園や保育者との間に安心・信頼の関係を築くことも意味しています。そして、この保護者との安心・信頼の関係が、子ども自身との安心・信頼の関係へとつながっていくのです。

母親との分離不安が人一倍強かったしんくんの事例は、一見すると保育者と子どもとの関係づくりのプロセスとしてとらえることができますが、それは見方を変えると、保育者と保護者との関係づくりのプロセスでもあるのです。

もう一人、とくに食事に困難さを抱えたせいじくんの事例について見てみましょう。

白ご飯だけでもおなかいっぱいに

せいじくんは2歳5ヵ月で入園。はじめての集団保育で、友だちとのかかわり方がわからず、ほしいものがあると黙ってとったり、つくっているものをこわして逃げてしまったり、思い通りにならないと友だちをたたいてしまうなどの姿がありました。

一番困ったのは食事で、偏食がはげしいことでした。食べるのは白ご飯くらい。家庭でもご飯、うどんならよく食べるが他のものはほとんど食べないということでした。せいじくんが心地よく一日を過ごせるためには、食事を食べられることが不可欠です。他の物が食べられなくても、まずは白いご飯だけでもおなかいっぱい食べて満腹感が味わえるように取り組むことにしました。

1対1でゆったりかかわる

最初は保育者がスプーンで口まで運ばなければ食べようともしませんでした。口に入れてから飲み込むまでに時間がかかるので、ご飯に白湯や汁物の汁を少しかけて食べやすい状態にしてみました。それまでは食べるのに時間がかかって、集中が続かず少ししか食べられませんでしたが、食べやすい状態にすることで食べられる量が増えてきました。たくさん食べられたことを認めていくことで、自分からスプーンですくって食べようとする姿も増えてきました。

食べられる量が増えてきたころから、他の食材もすすめてみるようにしました。汁ものに入っている具材の中からじゃがいもやお豆腐など好きな物を食べているうち、他の食材をスプーンですくって「これは？」と聞くようになってきました。「ニンジンだよ。食べたら元気になるよ」「かぼちゃだよ。甘い味がするよ」などとすすめてみるうち、少しでも口にしようとすることが増えてきました。お肉や魚、夏にはスティックのきゅうりも食べることができました。

まわりの友だちに「見とってー」

食べられなかったものが少しでも食べられた時は、まわりの友だちにも「せいじくん今日は○○食べたよう」と知らせ、一緒に喜びました。そのうちせいじくんのほうからも「見とってー」と言うようになりました。

せいじくんははじめての集団保育で不安なうえに、偏食があることでさらに不快が大きくなっていたのではないかと考えられます。

保育者がせいじくんにとって安心できる存在になるためには、家庭での習慣を受け入れることが大切なのではないかと思い取り組んできました。せいじくんの苦手な物も好きな物も共感していったことで、せいじくんは保育者を受け入れてくれるようになり、それをスタートにして保育者の要求も受け入れられるようになってきたのではないでしょうか。

　ここまでせいじくんが食べられる食品の幅を広げていくまでには、「今、食べられるのが白ご飯だけなのなら、おなかいっぱい白ご飯を食べられるようにしよう」ということを出発点に、担当の保育者が、せいじくんのペースに合わせ、1対1で向き合ってきた数ヵ月にわたる粘り強いかかわりがありました。
　とくに新入園の子どもたちの新しい環境への移行にあたっては、園の生活に子どもや保護者に「慣れてもらう」ことを一方的に求めるのではなく、園の側も、家庭の文化や生活リズム、個々の子どもの好きな物や嫌いな物を受け入れることで、まずは保育園がその子にとって安心できる場所になることを目指し、保護者とも信頼関係を築きながら、子どもにとっての最善をていねいに探っていくよう求められることがわかります。

3）"集中が短い"りょうくんが興味を持っているものは何か？

　新年度開始から1ヵ月ほどたったころ、森岡さんたちは新しく入園した子どもたちも含めて、信頼関係を新たにつくっていくための担当について話し合いました。
　まず、進級児を3つのグループにわけます。障害児を含め支援の必要な子4名を森岡さん、月齢の小さい子を含むグループを新人保育者の田中さん、比較的自立がすすんでいるグループを派遣保育者の島林さんが担当することにしました。新入園児6名は、慣らし保育中の様子を見て、2名ずつを振りわけることにしました。そして、ここからまた新たな奮闘がはじまっていきます。

田中さんの奮闘
　田中さんのグループには、新入園児のりょうくんが加わりました。りょうくんは2歳4ヵ月で入園。おもちゃをすぐにひっくり返しては投げてばらまくといったことが多く、遊んでいるかと思ったら急に部屋を飛び出してしまうこともありました。生活リズムはバラバラで、食事場面では少し食べるとすぐに席を立ってしまいます。午睡のときも気持ちの切り替えがむずかしく、なかなか眠ることができません。人見知りもなく、母親がいなくなっても関係なしに過ごしている姿がありました。りょうくんと田中さんが1対1でじっくりとかかわれるように保育者間で連携をとりました。そこから田中さんの奮闘がはじまりました。

りょうくんの本当の気持ちを探る

りょうくんはベッドに入ってからも自分で体を休めることができず動き回り、動きを止められるとそれが不快で泣き出すといった姿がありました。田中さんもどうしてよいかわからなくなってしまい、森岡が代わって寝かせることもありました。田中さんには、「本当はりょうくんも眠いけど、どうしていいかわからなくて困っているんだよ」ということを伝え、りょうくんの不快な気持ちを受け止めながら気持ちの切り替えができるように援助することの大切さを伝えていきました。田中さんはりょうくんに、「本当は眠たいんだよね」「一緒に寝ようね」と働きかけ続け、次第にりょうくんは時間がかかっても田中さんと一緒に眠れるようになりました。

保育者の言葉が伝わらない

しかし、あそびの場面では集中が短く、集中が切れると部屋を出てしまう、友だちの遊んでいるものをこわして逃げて行ってしまうといった姿が相変わらず見られました。「投げたものは元に戻してね」と伝えながら、一緒に片づけていくのですが、見るからに伝わってないなという表情で、結局は保育者だけが片づけるといったことが続きました。また、急に飛び出したり、物を投げたりしたときには、「危ない」ことや「してほしくない」ことを表情も変えながら伝えるのですが、やはり伝わっていないなという印象がありました。

りょうくんをどうとらえるか

私たちはりょうくんのそうした様子をどうとらえたらよいのかについて話し合い、一緒に考えることにしました。

・遊び方がわからないから、おもしろくなくなると部屋を出ていってしまうのではないか
・いろいろな刺激が入りやすく、そのため集中が切れやすいのではないか
・おとなの反応を引き出すためにわざと悪いことをするのではないか
・相手の表情から感情を読み取ることが苦手なのではないか
・人見知りもなかったことから、おとなへの基本的信頼感がまだ弱いのではないか

りょうくんの思いに共感することから

話し合いの中ではいろいろな要因がとりあげられましたが、結局のところ、りょうくん自身がかかわってくれるおとなに対して「この人は自分にとってかけがえのない存在だ」と実感することがなければ、おとなが言うことにも注目してくれないし、叱られたことに対してもつらいと感じられないのではないかという話になりました。田中さんがりょうくんにとって「大切でかけがえのない存在」になるためには、田中さんがりょうくんのしていることをしっかりと見守り、りょうくんがやったこと、うれしいこと、つらいこと、感じたことにていねいに共感することが大切なのではないかということになりました。

りょうくんの好きなあそびを発見

そこで改めてりょうくんのあそびを見ていく中で、それまでは気づくことのなかったりょうくんの得意なことや興味のあることがわかりました。好きなこと・得意なことが見えてくると共感できることが増え、りょうくんのほうからできたことを田中さんに伝える姿も少しずつ見られるようになり、あそびの集中時間も少しずつ延びていきました。このよ

うに保育園で変化が見られると同時に、それまで登園して母親と別れるときも泣かなかったりょうくんが、「ママー、ママー」と言ってあと追いし、泣くようになりました。

　子どもとの生活は毎日毎日同じことのくり返しのようですが、しっかりとていねいにかかわっていく中で次第に、いつも世話をしてくれる人、自分のことを理解してくれる人がわかり、「だから一緒にいたい」という感情もめばえていきます。
　森岡さんは、「子どもといい関係をつくっていくことはゴールではなく、いい関係をつくることで子どもはおとなに自分の要求を出しつつも、おとなの要求を受け入れてくれるようになっていくのではないか」と述べています。そして、そうした関係の中で「子どもはおとなをあこがれの存在として見つめ、『自分も同じことをやってみたい』『あんなふうになりたい』と、『やりたい』思いを胸に挑戦できるようになっていくのではないか」と述べています。
　より意識的にていねいに見ていく中で、りょうくんの得意なことや興味のあることも少しずつ見えてきます。落ち着きがなく、集中力がないと見られがちでしたが、積み木を並べたり積んだり、車を並べたりするなど集中して遊んでいる姿や、片づけのときに「このかごに入れてね」と声をかけると、種類別に分類して片づけるといった姿も見られたそうです。そうした姿から、形や色で違いを見分けることは得意だとわかり、その後は田中さんも、あそびに誘ったり片づけなどの行為をうながす時には、りょうくんの得意なことや興味のあることを活かしながら、言葉だけでなく目で見てわかるように伝えるよう心がけていきました。りょうくんのあそびの集中時間もそうして少しずつ伸びていったのです。
　森岡さんは次のように述べています。「今回のりょうくんの一件は、田中さんにとっても、子どもに必要とされるようなおとなになるためにはどうしたらよいか、子ども一人ひとりを大切にするとはどういうことかについて学ぶ、よい機会となったようです。りょうくんとのかかわりの中で、田中さん自身ずいぶん思い悩み、葛藤もあったようですが、自ら実践したことの中にたとえわずかではあっても手ごたえのある変化が見られたことは、田中さんにとって大きな収穫であり達成感であり、そして、そのことが明日への保育へとつながっていくのではないかと思います。」

4）あこがれを身近に感じながら

魅力的なのぞき窓
　夏を迎えるころには、すみれ２組の新入園児たちも自分の好きなあそびや、気の合う友だちを見つけ遊べるようになってきました。すみれ２組の部屋からトイレをはさんですぐとなりには、３、４、５歳混合クラスの部屋

があります。また、入口ののぞき窓からはホールが見えます。3上（3歳以上児）クラスの子どもが体育の課業をしたり、クッキングの活動をしたり、お昼にはランチルームとして使ったりしています。すみれ2組の子どもたちは、「大きくなったらあんなことができるようになるかな？」と、のぞき窓からあこがれのまなざしで3上さんの活動を見ています。

「大きくなりたい！」をふくらませる

「大きい」「小さい」の比較ができるようになる2歳児クラスなので、「大きい」という言葉にとても敏感です。「大きくなりたい」期待がふくらむ時期なので、生活のさまざまな場面で「大きくなった」という実感を持てるように取り組んできました。

食事の時、はじめのころは食べこぼしも多いためエプロンをかけて食べますが、こぼさずに食べられるようになってきた子から、徐々にエプロンを外していきます。こぼしが少ない時には、「きょうはエプロンが汚れていないね。大きくなったね。エプロンなくても食べられるかな」と声をかけるようにしていきました。すると、子どもたちのほうから、「きょう、こぼさんかった」「みて！　よごれてないよ」と言ってくるようになりました。

こぼさなくなり、エプロンを外してもらった友だちは、子どもたちにとってあこがれの存在。「自分もそうなりたい」という思いがふくらんで、どうしたらこぼさずに食べることができるか意識して食べるようになりました。エプロンを外せる子もどんどん増えていき、秋にはほとんどの子がエプロンなしで食べられるようになりました。

のぞき窓から見える3上さんのランチルームも子どもたちのあこがれの的です。「大きくなったらホールでたべれる？」「こぼさんようになったらホールでたべれる？」「なんでもたべるようになったらホールでたべれる？」と子どもたちのほうから聞いてくるようになり、大きくなることへの期待がふくらんできています。

「じょうずに食べられるようになったら、3上さんみたいにホールで食べようね」を合言葉に、自分から苦手な野菜を食べようとしたり、こぼさないように食器に手を添えたりする姿が増えてきました。

すぐにごっこに取り入れて

また、2歳児クラスが部屋に入るころ、ホールでは3上クラスが体操をしています。気がつくと、2歳児の子どもたちはおにいちゃん、おねえちゃんが体操をしている方を見ながら水分補給をしています。最初は「お水がこぼれるから、こっちを向いて飲んで」などと注意していましたが、よく見てみると、動きに合わせて足がリズムをとっている姿がありました。

年長さんが取り組んでいるクッキングの活動ものぞき窓から見ています。「きょうのごはんひまわりさんがつくったんだって」「このナスビ、ひまわりさんの畑でできたんだって」と言うと、苦手な物でも食べてみようとする子もいます。クッキングがあった日に、ままごとで積み木を包丁に見たてて、トントン切るようなしぐさをするなど、あそびの中で同じようなことをして楽しんでいる姿も見られます。

のぞき窓越しに見える
あこがれの世界

水分補給中、
大きいクラスの体操の様子に釘づけ

　何もかも「大変！」からはじまったすみれ2組ではありましたが、夏を迎え、秋へとすすむころには、子どもたちの基本的な生活もすっかり安定し、子どもたちの目も次第に別のところへと移りはじめたようです。もともと好奇心のかたまりのような2歳児ですから、身近な生活の中に「これは！」というあこがれの対象を見つけると、「やりたい」思いがふくらんで、「ぼくも」「私も」とどんどん背伸びをしはじめます。
　ここで重要なことは、2歳児の「やりたい」思い、背伸びする意欲を大切にし、その思いや意欲が心地よい感覚とともにふくらんでいくよう、保育者が支え励まし、環境を整え、あこがれを身近に感じることのできる生活を保障しているということです。すぐ近くにあこがれの友だち、あこがれのおにいちゃん・おねえちゃん、あこがれの行為や活動があとちょっとで手の届くところにある、そんな環境に加えて、「すごいね」「見てたよ」と励まし共感してくれる保育者がいる。「基本的・日常的生活活動」を通して「心地よい生活文化と心地よく機能する身体性」を獲得・形成していった子どもたちは、こうして次なる生活世界、「探索・探究する生活」と「文化に開かれた生活」へと羽ばたいていくのです。

column 5　排泄の自立に向けて

森岡美穂　岡山・岡山協立保育園

　私たちの保育園では、以前は1歳のお誕生を迎えたらオムツをはずしていました。しかし、排泄の自立には個人差があり、オムツをはずしたものの失敗も多く、保育士はその処理に追われてしまうことも多々ありました。オムツをはずしたことで子どもの動きは自由にはなるけれど、失敗するたびにあそびを中断しなければならない。「これでいいのかな？」という疑問が職員の中で生まれました。

　それまでの排泄のとらえ方を見直すため、私たちは園内で子どもの排尿の生理的な発達について学習しました。その中で私たちは、子どもの排泄には生理的な発達段階や個人差があることを確認し、子どもの一定量の排尿が固定化されるまでの段階を個人差に合わせて見ていくようにしました。

　以下は、排泄に関する月齢ごとの発達段階を示したものです。個人差があるので月齢は目安にすぎません。

*

①0歳から1歳6ヵ月

　オムツが濡れて不快な信号（泣く、もぞもぞする）を伝えてきたら、交換する。（清潔感覚を身につける時期）

②1歳6ヵ月から1歳8ヵ月

　しぐさや言葉での合図を見逃さない。オムツが濡れていない時にトイレに座らせてみる。

③1歳8ヵ月から2歳

　合図でおとなに伝える。1回の排尿量が多くなり、2時間ぐらいの間隔がある。日中遊んでいるときにオムツをはずしてみる。

④2歳から3歳

　自分で排尿する。

一人ひとりが出すサインと
「自分でやりたい」気持ちを大切に

⑤ 3歳

夜間排尿はなくなる。

　　　　　　　＊

　このように大まかな発達段階を把握したあと、「排泄チェック表」をつくり、一人ひとりの排泄間隔の個人差をつかむようにしていきました。オムツが濡れていた時間、または排尿した時間をチェック表に記入し、間隔をつかんでいきます。間隔が一定になってくると、排尿の前にトイレに誘います。トイレでの成功が増えてくると、家庭にお願いしてパンツを準備してもらうようにしました。一人ひとりの排泄間隔に合わせて排泄に誘っているので、一斉にトイレに行くことはありません。

　「個人の日課表」の中に排泄の時間を記入し、それに合わせて担当の保育士が排泄に誘うようにしました。2歳児クラスでは排泄の間隔も長くなってくるので、生活の変わり目（外に出る前、食事の前、午睡起きなど）のどこでどの子を排泄に誘うかをクラスの中で確認します。自分で尿意を感じた時に行ける子もいるので、行きたい時に行けるようにもしました。

　たとえば、はるきの場合。はるきは4月当初、2時間ぐらいは尿をためておくことができるようになっていましたが、トイレでの排尿の成功がありませんでした。「そろそろ出るかな」という時間に排泄に誘い、トイレに座らせてみるのですが、「でた」と言って水を流しても排尿はありません。「まだ出ないのかな？」と思ってあそびに戻すと出てしまったということが何度か続きました。間隔は合っているけれど、まだ排尿する感覚がわからない様子でした。

　午前中、外あそびから部屋に帰るまではパンツで過ごし、その後排泄に誘い、排尿がなければオムツに戻し、外に出る前にもう一度トイレに座らせてみるということをくり返していきました。

　ある日、トイレに座ってしばらくすると、オシッコが出る音が聞こえてきました。「はるき、ジョボジョボって音がしたな〜。オシッコでたな〜」とオシッコが出たことを伝えると、「ジョボジョボっていった！」と自分でもびっくりしたような顔で答えました。そのころからはるきはトイレで成功することが増えてきました。自分でオシッコが出る時の感覚がわかりはじめると、失敗することがみるみる少なくなり、あっという間に1日パンツで過ごせるようになりました。

　　　　　　　＊

　排泄が自立していくまでの一人ひとりの体の成熟の発達段階には個人差があるので、おとながいくら「がんばれ」とうながしてもできるというものではないのだと思います。排泄に関しては、子ども自身が不快を感じ、排尿の感覚がわかるようにならなければ自立できません。したがって、成熟を待つしかない部分もあります。保育者としては子どもの排泄の自立に向けての環境を整え、子どものサインを見逃さないようにし、一人ひとりが今どの段階にいるのかをしっかりとつかんで実践していくことが大切だと思います。

② 赤ちゃん人形で「安心の世界」を

実践　中嶋里美　東京・荒川区立南千住保育園

　南千住保育園は、東京都荒川区にある公立保育園です。園周辺に残る自然の中でのあそびや健康な体づくりとともに、地域との交流も積極的に行い、子どもたちがさまざまな体験を通して感動や挑戦をくり返しながら、人に対するやさしさや思いやりの心を育て、子どもたち一人ひとりが楽しい生活を送れるように取り組んでいます。

　2歳児クラスばら組は子ども18人、担任保育者3人で構成されています。今回、実践記録を提供してくれた担任の中嶋里美さんは、保育経験15年目ですが、クラスリーダーとなるのははじめて。そんなドキドキの初クラスリーダーが、同僚保育者と何度も何度も対話を積み重ねて、ていねいにつくり上げていった「安心の世界」の実践を紹介します。

1）一人ひとりに「自分だけ」の赤ちゃん人形を

安心の世界を子どもにも保護者にも

　4月がスタートするとすぐに担任3人で集まり、今年1年何を大事にして、どんなあそびを展開していきたいか、何度もたっぷりと時間をかけて話し合いました。最初に決めたのがクラスだよりのタイトルを「ニコメソプン」（町田浩志さんのあそびうたより）にするということ。笑顔はもちろん、泣いた顔も怒った顔も、みんなみんな子どもたちのすてきなありのままの姿。その姿を思いきり安心して出してほしいという思いを込めました。それはもちろん、保護者のみなさんにもです。

　そして日々の保育では、「見たてあそび」「お世話あそび」「ごっこあそび」をたくさんさせてあげたいということになりました。

　2歳児クラスの子どもたちは、今まで自分がしてもらってうれしかったことや心地よかったことを、「安心の世界」の中で、おとなになりきって表現します。また、自分の体験やイメージをごっこあそびに取り入れて表現します。そして保育者が橋渡しをすることで、子どもたち同士で互いにイメージを共有し合い、一緒にあそびを楽しむことができるようになります。そうした経験を積み重ねていくことで、3歳以降、次第に自分たちであそびを考え出し、そのあそびを展開させていく楽しさを感じられるような子どもに育っていくのだと思います。

　「大事にしたいね」と話し合った「ごっこあそび」「お世話あそび」ですが、4月当初のままごとコーナーはいつも大盛況でとくに人形のお世話は大人気。それでも人形は4体しかなく、「使いたいのにお友だちが使ってるの」という声もチラホラ。取り合いまでは

じまります。「かして」「いいよ」も大切かもしれないけれど、「もっと使いたい」という気持ちも大切にしたい。その間待たなくてはいけない子の気持ちにも目を向けたい、と思いました。

このクラスにピッタリの実践を思い出して

そんな時、以前保育者仲間から聞いていつかやってみたいと思っていた「軍足でつくる赤ちゃん人形」の実践を思い出しました。子どもたち一人に一つ、「自分だけ」の赤ちゃん人形をつくって、愛情をこめてお世話をするという実践。子どもたちにとって「自分だけ」の「安心の世界」をつくる。今の私たちの思いにピッタリの実践だと思いました。一人ひとりに人形があれば、ちょっとトイレに行く時にも「せんせい、これ持ってて」と、友だちにとられることを心配して預ける必要もありません。

他の担任も賛成してくれ、さっそく人形をつくりはじめました。園の他の職員も協力してくれたおかげで、ほんの1週間で18体のかわいい赤ちゃんができあがりました。

新年度のスタート。2歳児クラスでは、子どもたちの多くは1歳児クラスからの持ち上がりで、互いに顔見知りで勝手知ったる場所。しかし、中には新入園児さんもいて、不安たっぷりです。また、「勝手知ったる」とは言っても、3月まで生活していた場所から別の場所へ移動し担任も交替となると、「なんだか様子が違うなぁ……」と落ち着かない気持ちになってしまうでしょう。どの子も安心して過ごせるよう十分な配慮が必要です。

その一方で、2歳児クラスの子どもたちは好奇心の塊のような存在です。まわりのありとあらゆるものに興味・関心を持って向かっていきます。環境移行にともなう未知の場所や人との出会いは、子どもを不安にさせる反面、未知の世界に対する期待や興奮へと子どもを誘います。「これ、何?」「あの人、だれ?」「次、何するの?」と子どもは元気よく次から次へと質問します。「なんだか不安だし緊張もするけど、ワクワクドキドキするよね」というわけです。この時期、子どもが安心感できると同時に、好奇心や探究心もかきたてられるような環境をつくっていくことが大切なわけです。

中嶋さんたちは、子どもたちに自分だけの安心の世界をつくってほしい、他の子にとられたりすることなくじっくり遊び込めるように、との思いから、個人持ちの赤ちゃん人形をつくりました。さて、どうなったのでしょうか?

2) 十人十色の赤ちゃん人形との出会い

一人ひとりの人形ができました。子どもたちにどことなく似せてつくった人形たち。フェルトでオムツもつくって、マークを描き入れて……できあがりです。

土曜日の夕方、保育室内の個人ロッカーに布貼りの箱のベビーベッドを入れ、そこに裸

の赤ちゃん人形を入れました。18体……いえ、18人の赤ちゃんが並ぶロッカーは、さながら新生児室のようです。「子どもたちはどんな反応をするかな?」。ドキドキの出会いの瞬間です。でも、一番楽しんでいたのは保育者だったのかもしれません。

月曜日の朝。「わぁ! かわいい!」。保育室に18体もの赤ちゃん人形がいるのを見て、まず保護者のみなさんが大喜びです。「よかったね。赤ちゃんがきてくれたんだね」と、一緒に誕生を喜んでくれます。一方、子どもちの反応はさまざまでした。うれしくて、ずっと抱っこしてお世話している子。はじめは興味を示して遊びはじめたものの、他のあそびに興味がうつり、途中でポイッと投げ出してしまう子。はじめから興味のない子。でも、それはそれでよいのです。子どもたちはみんな違うのですから。

一人ひとりの顔を思い浮かべながらつくられた個人持ち人形。子どもたちにとってどんな意味があったのでしょうか。1つには、子どもは「自分だけ」の人形を手にすることによって、何かを所有しているという感覚で満たされ、それにより自己の境界線が明確になり、安定した心持ちになれるということがあると思われます。また、人形があることでそれをお世話するという活動が生まれ、その活動に没頭できることで、安定して過ごせる時間帯を園生活の中で得ることができ、園生活をより身近で慣れ親しんだものとして感じることができるでしょう。そのような、いわば「所有感・所属感の充足による自己の安定化」という側面が期待できます。

もう1つは、赤ちゃん(人形)のお世話をすることで、子どもは自らを一段近い地位へと高め、自己のかけがえのない価値をより強く感じるものと思われます。「自分はおねえちゃん(おにいちゃん)で、赤ちゃんをお世話するんだ」「自分はこんなにまわりに貢献できるんだ」、そんな思いは子どもを今よりも少し背伸びさせ、親や保育者など身近なあこがれの存在に近づけたような気分にさせてくれます。そうした、いわば「かけがえのない個人として尊重される感覚と社会への貢献の感覚」という側面が期待できるのです。

こうした点は、今まさに「依存しつつ自立する」最中の子どもにとって重要な側面であり、その意味で個人持ち人形は2歳児期にぴったりの活動であると言えるでしょう。

3)保護者も一緒に楽しんでほしいから

出会いの日の夕方、子どもたちは赤ちゃん人形と一緒に家に帰りました。保護者のみなさんには「一緒にお名前を考えてください」とお願いしました。「おしりの臭いをかいでいたの。いつもおとなにされていることをやっていて笑っちゃった」「ママ、ぼく、おとうと、赤ちゃんって、みんなで並んで寝ました」。一つの人形を通して、子どもたちのか

わいい姿を共有でき、一緒に成長を喜び合える。保護者のみなさんとグッと気持ちが近づいたように感じました。

はじめは、どう遊んだらよいかわからない様子の子どももいたので、みんなで赤ちゃんを抱っこして園内を散歩してみたり、洗面器を用意して「沐浴ごっこ」を楽しんだりしました。「赤ちゃん気持ちいいって言ってる」「赤ちゃん、オフロ、あついあついって泣いてるの」。子どもたちの体験から発せられる言葉を楽しみながら、「ほんとだね」「あらあら、泣いちゃったのね」と一緒にお世話をしていきました。

赤ちゃん人形の存在が子どもたちの中で意識されるようになると、ベビーベッドに「おやすみ」と声をかけて午睡に入ったり、目覚めると「おはよう」と声をかけたり、日常的にあいさつも見られるようになりました。

「赤ちゃんはおうたが好きなの」という一人の子の言葉をきっかけに、みんなでうたを歌ってあげたりもしました。リズムに合わせて、赤ちゃんの背中やおしりをトントンします。また、ある時は、大好きな「大根漬け」（二本松はじめ）や「ポップコーン」（二本松はじめ）のふれあいあそびを、赤ちゃんにやってあげていました。自分がしてもらって心地よかったことを赤ちゃんにもしてあげているのかなと思いました。

この赤ちゃん人形の実践の利点をもう1つ挙げるとすると、それは保護者との間で共通に語り合える話題が立ち上がるという点ではないかと思います。中嶋さんも、赤ちゃん人形を世話する子どものかわいい姿を保育者と保護者とが伝え合うことによって、保護者のことを「一緒に子育てをする仲間のように感じられました」と述べています。

出会った当初はどのように遊んだらよいかわからないといった様子を見せていた子どもたちも、次第にそれぞれの遊び方のアイデアを出し合い、互いに共有し合うことで、あそびの幅もどんどん広がっていったようです。

4）いちごの赤ちゃん事件

赤ちゃんが子どもたちにとっての家族の一員になってきた6月のある日。かわいい事件が起こりました。地域のお祭りで神輿についてまわっていたエイジくんが、神酒所に戻る最中、急に「あ、いちごの赤ちゃん！」と叫びました。その視線の先を見ると、神酒所前のガードレールに、わがクラスの手づくり人形がチョコンと座っています。人形の服についているいちごのマークを見て、エイジくんはすぐに、リサちゃんの赤ちゃん人形だとわかりました。

エイジくんは「いちごの赤ちゃん」を大事にしっかりと抱いて帰りました。一方、エイジくんのお母さんは、すぐにリサちゃんの家に連絡します。しかし、電話は通じません。しかたがないので、その晩はいちごの赤ちゃ

んを預かることにしました。エイジくんは自分の赤ちゃんの隣にいちごの赤ちゃんを寝かせ、一緒に眠りました。

　そして月曜日、エイジくんは赤ちゃんを2人抱いて登園してきました。「せんせい、いちごの赤ちゃん、あったの！」と一生懸命に説明してくれます。

　しばらくたって、リサちゃんが登園。いつもなら赤ちゃんが抱かれている腕にはぬいぐるみが抱かれ、眉間にはしわが寄っています。その姿を見て、エイジくんはサッと駆け寄り、赤ちゃん人形を手渡しました。その時のリサちゃんの顔といったら！　とってもうれしそうで、見ているこちらまでうれしくなりました。

　その時、リサちゃんと同じくらいうれしそうにしていたのが、リサちゃんのお父さんです。なんでもお祭りの日、お父さんはリサちゃんを乗せて自転車で走っている時に転んでしまい、泣いている子どもに動揺して、赤ちゃん人形が落ちたことに気づかず、そのまま立ち去ってしまったとのこと。

　その後、探したものの見つからず、先生たちが一生懸命につくってくれた人形をなくしてしまったことに深い罪悪感を感じて、週末を過ごしていたのだそうです。お父さんはエイジくんのそばに行くと、「エイジくん。リサの赤ちゃん、預かってくれたんだってね、本当にありがとね」と、しっかりと目線を合わせてお礼を言っていました。

　この「いちごの赤ちゃん事件」は、先ほど述べた「所有感・所属感の充足による自己の安定化」と「かけがえのない個人として尊重される感覚と社会への貢献の感覚」という2つの側面が、確かに子どもの内面において育ってきていることの証明であると言ってしまうと、少し大げさでしょうか。しかし、お祭の最中に発見した赤ちゃん人形をていねいに持ち帰り、月曜日になんとも誇らしげな様子でリサちゃんに手渡したエイジくんの行動からは、自己の安定を通して育つ他者への思いやりの心と「自分がだれかに貢献できた」という誇らしい思いという2つが感じ取れます。

　また中嶋さんは、地域の人々や保護者たちの行動に「人の温かさやつながりの大切さをたくさん感じました」とも述べています。地域の人々のやさしいまなざしの中で子どもたちは育っているのだという視点。保育者のそうした地域社会を見る目は、必ず子どもたちにも伝わっていくことでしょう。

5）いつの間にか仲間が倍に

　秋、赤ちゃん人形とともに奮闘した運動会も無事終わり、子どもたちのあそびも変わってきました。赤ちゃん人形を仲立ちにして、以前よりも友だちとかかわって遊ぶようになり、ごっこあそびも盛り上がりを見せはじめました。はじめは自分の赤ちゃん人形とだけ遊んでいた子どもたちですが、次第にお友だちの赤ちゃん人形とも一緒に遊ぶようになりました。

　赤ちゃん人形がズラリと並ぶままごとコーナー。「保育園ごっこ」と称して子どもたちがしているのは「お昼寝」がメイン。赤ちゃんを寝かせてその間に座ってトントントン。両隣、前後、斜め……あちこちにトントントン。「ほーら、もうネンネですよ、おめめつぶろうね」などという子どもの言葉に苦笑いの担任たちでした。

　保育園ごっこの最中、他のあそびをしていた子がふと自分のロッカーに赤ちゃん人形がいないことに気づいて、「あ！　ぼくの赤ちゃん使ってる！」と怒ったことがありました。「はい、ここにいるよ」と赤ちゃん人形を返しながら、遊んでいたその子が言った言葉にドキッとしました。「ずっとネンネしていて、さびしいさびしいって泣いてたから、遊んであげていたの」と言うのです。「きっと、この子たちにとっては、もう、ただのおもちゃではなくなっているのだな」と再認識させられました。

　18人の子どもたち、そして18人の赤ちゃんたち。いつの間にか、ばら組の仲間は倍になっていたのです。

　このように、秋になって、赤ちゃん人形を使ったお世話あそびは、互いの人形を使って友だちと一緒に遊ぶなど、広がっていきました。

　子どもたちにとっての「安心の世界」を！　という保育者の願いからはじまったこの実践ですが、これは同時に、保育者たちにとっても「安心の世界」を！　という取り組みでもありました。「午睡時間中はとにかく私たち保育士のコミュニケーションの時間でした。連絡ノートには子どもたちの生きいきした様子を書いてあげたいので、互いがとらえた『今日の○○ちゃん』の情報交換をしました。新人保育士もいたので、意識的にその日の子どもの様子を話しながら、こんなところに成長を感じたよ！　と伝えてきました。保護者のためでもありましたが、担任同士、同じ思いで保育していきたいというのが大きかったと思います」と中嶋さん。話題も子どもの姿にとどまらず、「互いの保育でズレてるなと感じたことも、なんでも話し合うようにして、『その言葉かけにはこういう意図があったのね』とか、『今度はこうしよう』とか、話さなくてはわからなかったこともわかり合えました」とのこと。子どもたちにとっての「安心の世界」は、保育者たちにとっての「安心の世界」の実現なくしてはありえないというわけです。この実践の背景には、そうした「対話」に向けての惜しみない努力と積み重ねがあったのです。

column 6　安心できる楽しい食事の時間

山口陽子　元京都・くりのみ保育園

● **野菜をほとんど食べられないアイちゃん**

　10月のある日のこと。この日のメニューはほうれん草ともやしのごまあえのつけあわせです。保育者が「アイちゃ〜ん、ほうれん……」と言いかけただけで、「イヤー！」と涙声のアイ。アイは牛乳や白ご飯のように白いものは食べられるため、「もやしは真っ白やなあ」と声をかけますが、「イヤ〜」。保育者「イヤなん？　じゃあアイちゃんの食べられるのはご飯か？」。アイ「うん」。保育者「わかった。じゃあ泣かんとおいしいなぁって食べよか。明日はいっぱい食べられるかなぁ」。アイ「うん」。そうして、ご飯のみをおかわりして食べました。

　保育者としては「食べないやろぁ。だからと言って何も言わないのも、それでよしとなってもあかんしなぁ」などと悩みながら声をかける毎日。野菜嫌いだから食べなくてもしかたがないと思っているわけではありません。おかずを見ただけで、声をかけられただけで気持ちが崩れてしまうアイの胸の内を思うと、そのことを理解してあげて少しでも気持ちよく食べてほしいという思いと、わかってもらえたという安心感を積み重ねて、次なる意欲へとつながっていけばという思いとがありました。このことは、結果として「食べなくてもいいか」という余裕を保育者の中に生じさせ、アイが「おかずはダメでもご飯は食べられた！」という達成感を感じることにつながっていたように思います。

　2月のある日、この日のおやつはさつまいもの唐揚げ。アイは牛乳だけ飲んでいたのですが、保育者「これお芋やで」、アイ「ううん」、保育者「ポテーイトやで」、アイ「ん？」、保育者「ここにお塩ついてるやん」、アイ「ほんまや」というやりとりのあと、塩のついているところから食べはじめ、結局、2切れをぺろりと食べることができました。

　また別の日、この日のメニューは、春雨の酢の物です。調理室から運ばれてくる素材と調味料をみんなの前で保育者が和える「和え物」の実演を、みんなと一緒に楽しそうに見ていたアイでしたが、「味見したい人〜、手こぼし（味見のために手のひらに食べ物を少しのせること）してあげよう！」と配りはじめたところ、「アイはしないよ」と拒否。保育者が「ん？　なんで？　ほんならアイちゃんは春雨だけにしてあげような〜」と、なんでもないことのようにサッと手のひらにのせると、怒って突き返すこともせず、のせられた分を口に入れ、その後、お皿に入れられることも拒否しませんでした。

　一年間を通して見てみると、自分からすすんで食べようとすることはまだ少ないですが、嫌がることもなく毎日ちゃんと席に着き、食べる時間を過ごしているということは、苦手なものの多いアイにとっても給食の時間は決して苦痛な時間ではないのだろうなと思います。あそびの場面では輪の中に入ってこないことも時々あるアイですが、食事の場面では友だちとの会話で盛り上がる姿なども見られ、楽しいものになっていると感じます。

● **お手伝いが楽しい**

　「何々？」となんにでも興味を示し、「自分

でする！」「自分もできる！」と主張するのが特徴の2歳児にとって、いろいろな野菜に自由に触れて、その形状がだんだん普段食べているものへと変化していく過程に自分の力でかかわれることは大きな楽しみです。

そら豆のさやむき、ふきの筋取り、たけのこやとうもろこしの皮むき、カボチャの種取り、こんにゃくちぎりなど、調理する時に火を通す素材、誤って口にしても大丈夫な素材なら、あらかじめ献立表をチェックしておいて、調理室とも連携して、保育園全体の分量をやらせてもらいます。このようなことを家でやらせてもらっている子はほとんどいないのが現状なので、その楽しそうな様子を日誌などで保護者に伝えると、「今度うちでもやってみよう！」という声が聞こえたりします。

● **おやつの時間もおもしろい**

12月ごろには、おやつの時間によく焼き芋やふかし芋が出てきました。おとなの二の腕くらいの大きな芋がどーんと丸ごと出てきて、テーブルの5〜6人で分けるのです。はじめのころは保育者が皮ごとちぎって分けていたのですが、ある日ふと子どもにやらせてみようと思い、近くにいたケンに「ケンくん、分けてくれる？」と声をかけてみました。得意満面ながらも、大きな芋を必死に分けるケン。そして分けてもらうみんなはケンの手元をじーっと見つめています。配られたあと、大きいだの小さいだの文句も言わずに食べはじめる子どもの姿がなんともおかしいのです。

その日以来、「今日は○○ちゃんやってみる？」と、日替わりで声をかけてみることに

しました。白ご飯しか食べないサトシは、お芋を自分の目の前に置かれて「まさか芋が苦手な自分がみんなに分けることになるとは……」とタジタジ。最初は躊躇したものの、みんなの期待のまなざしと、おいしそうにほおばるみんなの姿を見て思わずパクリッ。その日はその後、いつもなら食べないみかんまで食べてしまいました。

● **2歳児の食事場面で大切にしたいこと**

2歳児は、友だちが一緒だとすぐに「ちょっと食べてみようかな」とその気になったり、「おとなみたい」「おにいちゃんみたい」などのほめ言葉にすぐのせられたり、「これ○○みたい」「○○のつもりになって」などの見たてやつもりの言葉にあっさりつられて食べてしまうことがよくあります。

けれども、なんでも食べられるということが大事なのかというとそうではなく、「これはちょっと苦手だな」「今日は嫌だな」という自分の思いをそのまま表現できて、その場が子どもにとって安心できる時間であること、そのことで子ども自身がその気になって食べることが大切だと思います。

長い保育園生活の中で食べない日、食べない時期があってもいいのです。生活やあそびが充実してくると、食事場面の姿も変わってくるという長い見通しを持つことで、保育者にも余裕が生まれ、子どもも安心できる楽しい食事の時間をつくり出すことができます。そうした積み重ねによって、少しずつ食べられるものの幅も広がっていくのではないでしょうか。

第II部 ● 2歳児クラスの実践の展開

第 2 章

心満たされる文化と
心揺さぶられる探索と

「虚構と想像の世界」を
花開かせる

　ここでは、2歳児において花開く虚構と想像の世界について見ていきます。日々の生活の中で保育者や仲間たちとの間に安心や信頼の感覚を育むことのできた子どもたちは、それを土台としながら、周囲の自然や事物への探索や探究を楽しみ、絵本や紙芝居、うたなどさまざまな文化との出会いを楽しむようになります。そうして次第に、見たて・つもりやごっこの世界を自らつくり出し、仲間たちと一緒に楽しむようになります。2、3歳の子どもたちがつくり出す想像世界は、4歳以降の子どもたちがつくり出す世界ほど現実との境界が明確なわけではありません。彼らの自我状態もまだそれほど明確なわけではありません。しかし、そのことがかえって2歳児独特のノリのよさを生じさせることとなり、仲間との「創造的で協同的な活動」という明日へとつながるなんとも愉快でほほえましい保育を生み出すこととなります。以下では、そうした子どもたちの姿を2つ実践記録を通して確認しながら、2歳児における「探索・探究する生活」と「文化に開かれた生活」、および「虚構と想像の物語」を支える保育実践の展開について考えてみたいと思います。

1 心地よいリズムとお話でつながりあう

実践　**庭山宜子**　東京・荒川区立荒川さつき保育園

　荒川さつき保育園は、東京都荒川区にある公立保育園です。2歳児クラスのりす組は、

子ども20人と担任保育者4人。担任の庭山さんは、一人ではなく、たくさんの人と手をつないで生きていくことの大切さを、うたやおどり、絵本やあそびなどの文化との出会いを通して子どもたちに伝えていきたいと考えています。そんな庭山さんとりす組の子どもたちの一年間の様子をここでは紹介します。

1）手と手をつないで

ぽっぽっぽっ～きみとてをつなごう　作詞・作曲　町田浩志

2　あるいていこう　あるいていこう　てとてをつないで　しゅっぱつだ
　　あるいていこう　あるいていこう　だっこしておんぶして　しゅっぱつだ
　　どんなにはやく　あるくより　どんなにとおく　あるくより
　　だいじにしたい　ことがある　きみとてをつないで　あるくこと
　　あるいていこう　あるいていこう　いっしょにあるこう　ぽっぽっぽっ
　　あるいていこう　あるいていこう　きみとてをつなごう　ぽっぽっぽっ
4　さぁてをつなごう　さぁてをつなごう　みんなでみんなで　てをつなごう
　　さぁてをつなごう　さぁてをつなごう　みんなでみんなで　てをつなごう
　　つないだてとてを　ひろげたら　おおきなおおきな　まるになる
　　もっともっともっともっと　つなげれば　ちきゅうをぐるっと　ひとまわり
　　さぁてをつなごう　さぁてをつなごう　いっしょにあるこう　ぽっぽっぽっ
　　さぁてをつなごう　さぁてをつなごう　きみとてをつなごう　ぽっぽっぽっ

「ぽっぽっぽっ」といううたをはじめて聴いたとき、すてきだなとドキドキしました。「ぽっぽっぽっ＝歩っ歩っ歩っ、なんですよ」と作者の方から聞いたとき、まさに子育てって、生きていくことって、一人じゃなくてたくさんの人と手をつないで歩いていくことなんだなと感じ、クラスだよりのタイトルにすることにしました。

1番の歌詞には、「さあはじめよう　たのしいことを　ぼくらがはじめよう　ぼくらにはでっかいゆめがある　でっかいでっかいゆめがある」という内容が歌われています。

一人ひとりみんな違った夢や生き方があると思います。でも一人じゃなくて、うれしいことを分かち合ったり、悲しいことをなぐさめ、励まし合いながら、一緒に生活できることに喜びを感じ合えるような、そんな仲間づくりができたらすてきだなと思っています。りす組20人の子どもたちと、おうちの方と担任と、そして保育園のみんなと一緒に、すてきな一年を過ごすことができたらと思います。

「友だちっていいな」を感じはじめた子どもたちの4・5月の様子です。

●ベランダのフェンス越しに畑をのぞいてい

たゆきこちゃん。畑では2人のおじさんたちがうねづくりをしています。おじさんの1人を指さして、大きな声で「おじさーん、友だち？」「友だち、なんていう名前？」。
●ゆきこちゃんが人形を一列に並べて「仲よしでーす！」。すると、それを見たかりなちゃんが人形を動かしながら「ぼくも入れて」。ゆきこちゃん「いいよ」。そして自分もかりなちゃんと同じように人形を動かしながら「ぼくも入れて」。かりなちゃん「いいよ」。
●あそびの仲間入りをするときに必ず「入れて」と元気よく友だちに声をかけるゆうまくん。「いいよ」と友だちに言われて仲間入りができると、これまた必ず担任に報告しに来てくれるのです。この日も友だちとの「入れて」「いいよ」のやりとりのあと、「先生、いいよって言った」とうれしそうに報告に来てくれました。

　たくさんの人と手と手を取り合ってつながって、そうして生きていくことのすばらしさを子どもたちに伝えたい。それがクラスだよりのタイトル『ぽっぽっぽっ』に込めた庭山さんの願いです。子どもたちもそうした保育者の思いに応じるかのように、みんな何かしらのかたちで仲間とつながって、つながりあう中で楽しさや心地よさを感じて、そうして日々の園生活を安心と満足に包まれて過ごすことができているようです。

2）いつまで続くの「汚れものごっこ」

　ゆきこちゃんが「ゆきちゃん、ここがいい」と言って、着替えコーナーのマットの上に座って、キューピーちゃんと遊びはじめました。毎日この場所で着替えていることがそのままあそびになっているんだなぁと思い、しばらく見守っていると、5分、10分……、一人で黙々と遊び続けます。いったい何をしているんだろうと思いのぞいてみると、ビックリ！　汚れもの用のビニール袋を出してきて、キューピーちゃんの服を入れているではありませんか。
　そこにあやかちゃんが仲間入り。楽しそうなのでもう少しそっとしておこうとその場を離れると、いつの間にか2人はダンボールの家へと移動し、見つけたときにはまたまたビックリ！　今度は自分の衣類カゴを運んで、服を一枚残らず出して、一枚ずつ、出しては入れて……。もう夢中です。「そろそろおやつの時間だから……」と誘ってみたものの、まったく聞こえず。
　その日から、着替えのコーナーは毎日毎日「汚れものごっこ」です。必ず1人、2人、3人と集まってきます。
　大きなスーパーの袋に全部まとめて入れているかりなちゃん、れいちゃん、みみちゃん。大きな袋を両手で持ったり、肩に担いだり。お母さんになった気分なのかな？
　小さい袋が好きなあやかちゃん、ゆきこちゃん、しおりちゃん、そよんちゃんは、ひたすら袋詰め。一枚ずつ入れてみたり、口がし

まらなくなるほどたくさん入れてみたり、かと思うと全部出して、また入れて……。

服がなくなっちゃったら……、名前書いてあるかな……など、ハラハラドキドキしながら見守っていました。

安心や満足で満たされた子どもたちは、まわりの世界にどんどん興味や関心の目を向けて、探索・探究へと出かけていきます。「おもしろそう」と感じたことを、すぐにまねして再現するのもその1つです。ゆきこちゃんがはじめた「汚れものごっこ」などはそのよい例です。その様子を見て、「服がなくならないかなぁ」「名前はちゃんと書いてあるかなぁ」とドキドキしながらも、その発想の豊かさを認め、おもしろいと感じたことをできるだけさせてやりたいとばかりに、そっと見守る保育者の姿勢もとてもすてきです。

3）うたの心地よいリズムを心と体に刻んで

ラッコっこ　作詞・作曲　二本松はじめ
1　ラッコっこ　だっこっこ　みずのなか
　　ラッコっこ　だっこっこ　むねのなか
2　ワニさん　ワニさん　みずのなか
　　ワニさん　ワニさん　およいでる

「ラッコっこ」が大好きな子どもたち。プールあそびでは「やって！」「ラッコっこ！」と子どもたちが次々とリクエスト。水の中で背中から抱っこして、うたに合わせてユラユラ体を揺すったりして遊びます。

ある日のこと。順番に「ラッコっこ　だっこっこ……」と遊んでいると、ゆきこちゃんとわたるくんが友だちの足を持ってユラユラ。先生になった気分なのでしょうか。

水がこわくて「プールが嫌だよー」と泣いていたそよんちゃん。少しずつ水に慣れてきて、みんなと一緒に遊ぶ姿も見られはじめたある日のこと。担任が「そよんちゃんも『ラッコっこ』やる？」と声をかけると、「うん」。「ラッコっこ　だっこっこ　みずのなか…」とユラユラ揺すってあげると、そのうち「こわくないもーん」と言うようになりました。

おおきくなあれ　作詞・作曲　町田浩志
1　おおきくなあれ　おおきくなあれ
　　ゾウさんもいっしょに　キリンさんもいっしょに　おおきくなあれ
3　ま〜るくなあれ　ま〜るくなあれ

ゾウさんもいっしょに　キリンさんもいっしょに　ま〜るくなあれ

昨年、1歳児クラスのときの運動会でおうちの方と一緒に踊った親子フォークダンスのうた。子どもたちはこのうたが大好きで、あれ以来ずっと歌っています。あの時は、うたに合わせてお母さんやお父さんに抱っこしてもらったり、高い高いをしてもらったり。一緒に手をつないで、みんなで大きな円をつくりました。

運動会のあとも、運動会ごっこを楽しみながら、たくさん踊ってきました。あれから1年がたっても、その「いい気持ち」を毎日のあそびに再現して楽しんでいます。

友だちと一緒に「ま〜るくなあれ」と歌いながら、手をつないで踊るのですが、よく見ると子どもと子どもの間にキューピー人形がいるではありませんか。子どもたちはおとな役、キューピーちゃんは子ども役なのでしょう。自分のキューピー人形を本当の子どものようにかわいがっています。

プールの中でも「ま〜るくなあれ」とやっています。バシャバシャと水しぶきをあげながら、本当に気持ちよさそうです。

積み木あそびでも「ま〜るくなあれ」。積み木の箱から動物を全部取り出して、丸く並べはじめます。どの動物も円の中心を向くようにして、並べ終わると歌いはじめます。「ま〜るくなあれ」。なんともやさしくかわいい歌声です。

この実践記録からは、うたが子どもたちの心と体に心地よく刻み込まれている様子がよくわかります。「ラッコっこ」を大好きな保育者に歌ってもらいながら、水の中でユラユラと気持ちよく揺すってもらう体験、「大きくなあれ」といううたとともに、大好きなお父さんお母さんに抱っこや高い高いをしてもらったり、一緒に楽しく丸くなるという体験、そんな楽しく心地よい体験がまさにうたと一体となって刻み込まれています。

それらがいかに楽しく心地よい体験であったかは、その後、子どもたちがそれを日々のあそびや生活の中でくり返し再現したことからもうかがえます。子どもにしろおとなにしろ、楽しく心地よかった体験は、あとになって何度もあそびの中でくり返したり、会話の中でくり返し口にして、その楽しさや心地よさを味わいつくすものです。そうして同じうた、同じ言葉を、同じ調子、同じ心地よさ・おもしろさでくり返すことにより、子どもたちの心と体の中には次第に他者と共有する「物語」の原型が刻み込まれていくのです。

4）絵本の中に飛び込んじゃおう！

くり返し楽しむ「はらぺこあおむし」

「はらぺこあおむし」の絵本を読みはじめたのは、たしか6月ごろのことです。その時は、まさか発表会で演じることになるとは思

ってもいませんでした。
　「はらぺこあおむし」のテーブル劇もやってみました。手づくりの人形や紙コップでつくった道具を使って、人形劇のように見せました。何度も楽しんでいるうちに、子どもたちも触ってみたくなったようです。自由に遊べるように、人形や紙コップを棚に並べておきました。このころになると、絵本の内容もすっかり覚えて、一人で絵本をめくりながら「月曜日　りんごをひとつ　食べました」と歌いながら楽しむ姿も見られるようになりました。

みんなであおむしくんに変身しよう！
　こんなに楽しんでいるなら発表会で演じてみようかということになりました。今度はみんなであおむしくんに変身です。「おいらは　はらぺこあおむしだ　おいらは　はらぺこあおむしだ　ここらが一番うまそうだ」と歌いながら、あおむしに変身して動き回ります。

「ここらが一番うまそうだ」のところで、友だちのおいしそうなところをくすぐったり、つんつんしたり、食べちゃうというあそびなのですが、子どもたちは友だちに触れたり、コチョコチョしたりされたりすることを楽しんでいます。
　いろんなものを食べすぎて「イテテテ……」とお腹を押さえて苦しんでいる友だちを見つけると、「はい、緑のはっぱだよ」と助けてあげたり。子どもたちの表情のなんと豊かなこと。「イテテテ……」と言うときの、本当に痛そうな表情にはビックリです。
　子どもたちが一番好きな場面は、あおむしくんがふとっちょになるところです。みんな座って、前の友だちのお腹のあたりをつかんでつながった状態で、「おいらは　はらぺこあおむしだ」と歌います。体を左右に揺らしたり、ゴロンと転がったり大騒ぎです。最初はただゴロゴロするだけでしたが、遊んでい

くうちに自分から友だちとつながろうとする子、まず自分が先に座って「つながって！」と友だちを誘う子などさまざま。一人であおむしになっている子も、体のどこかはだれかに触れていて、ちゃんとつながっているのです。

大道具もみんなでつくりました。スタンプで手に色をつけてペッタンコ。「もう一回！」と楽しみながら、あおむしくんが大好きな緑のはっぱがたくさんできました。

みんなでつながる心地よさ

11月末、発表会まであと1週間の朝。ゆうまくんが軍手でつくった人形セットの果物を全部集めてきて、あおむしくんの人形を片手に遊んでいます。保育者が「たぬきくんやドングリくんやきつねさんも一緒に仲間に入れてあげたら？」と声をかけると、部屋中の人形を集めてきて、「おいらは　はらぺこあおむしだ」と歌いながら、動物をつなげていきます。

そうです。みんなでつながって遊んでいる、あの場面を再現しているのです。ゆうまくんもあおむしくんを持って一緒につながっています。気持ちは大きなあおむしになっているのでしょうね。みんなでつながって遊んでいる時の心地よさを思い出しながら、うたを歌っているのかもしれません。その様子をじっと見ていたわたるくん、なつみちゃん、こうきくんもいつの間にか仲間に加わって、一緒に遊んでいました。

子どもは大好きな絵本であれば、保育者のもとに「もっかい読んで！」と何度もくり返し持っていくものです。その絵本に描かれている絵や言葉が持つ圧倒的な力もさることながら、絵本をはさんで読み聞かせてもらうときの、自分と他者とが同じ物語を通して同じ感情や認識を共有し合うことの心地よさが、その行為の背景にはあるものと思われます。自分と他者との境界がまだあいまいな2歳児。自分と他者とがあたかも溶け合って、1つの物語の中をともに泳いでいるような、そんな感覚を覚えるのかもしれません。

ここに登場する『はらぺこあおむし』（エリック・カール作・絵、もりひさし訳、偕成社）もまた、子どもにとってそんな絵本の一つです。何度もくり返し読んでもらううちに、彼らの心と体には絵本の絵や言葉、あらすじのみならず、そこであおむしが感じた喜びや痛みもしっかりと刻まれているようです。絵本をきっかけにテーブル劇や劇発表、描画、制作、そして日々のあそびへとつながっていったその展開過程からは、この『はらぺこあおむし』が単に数人の子どもたちの間で共有されていったものではなくクラス全体で共有されていったものであることが伝わってきます。そして、こうしたさまざまな表現活動への展開の経験こそが、「虚構と想像の物語」、そして「創造的で協同的な活動」の展開へとつながっていくのです。

5）「そのままでいいがな」

　最後に、庭山さんは次のようなことを述べています。

　相田みつをさんの書の中に、「そのままでいいがな」という言葉があります。「あなたはあなたのままでいいんだよ！」。そう子どもたちに伝えてあげたいですよね。何も条件をつけることなく愛情を与えることができたら、子どもたちは必ず生まれ持ったものをゆっくり温め、開花させるのではないでしょうか。「～ができるようになったから」「あれができたらほめてあげる」ではなくて、「たしかにできるに越したことはないけれど、できなくたっていいんだよ」という気持ちで、「いつかできるようになるときまで待ってるよ」と、その過程を見守り、一緒に楽しめるような、そんなおとなになりたいものです。

　歩いたり走ったり飛び跳ねたりする力をどんどん発展させていき、手先もどんどん器用になって、言葉もどんどん手に入れて、そのようにしてどんどん自分の世界を広げていく子どもたち。いろんなものが次々と手に入って、うれしくって楽しくってしかたがない時期です。そして、まわりの世界のさまざまなものに興味を示して、それを飽きることなく探究し続け、他者に自分の思いを伝えたり伝えられたりすることに大きな喜びを感じる時期です。いろんなものや人にあこがれの思いをふくらませ、いろんなことを模倣するようになります。こうしてみると、2歳児の世界はまさにバラ色に見えるかもしれませんが、自然とそうなるのではなく、大好きなおとなのまなざしがあって、はじめて2歳児の世界はバラ色になるのです。「そのままでいいがな」と子どものありのままの姿を受け止めるとき、そこには子どもたちの成長を見守り、ともに喜び合ってくれるおとな、ときになかなか成長できなくっても、やさしく静かに見守ってくれるおとなのまなざしがあるのです。
　子どもたちはおとなとの安心・信頼の関係のもと、この時期めばえはじめた「やりたい」という思いを存分に発揮していきます。友だちとのやりとりの中で自我と自我のぶつかり合いを経験しながらも、自然や事物への探索・探究に楽しさを見出し、絵本や紙芝居、うたなどとの出会いによって開かれていく文化に心地よさを感じて、次第に「友だちと一緒が楽しい」を感じるようになっていくのです。子どもたち一人ひとりの思いや表現をしっかりと受け止めること、そして、子どもたちが仲間との生活の中で喜びや希望を見出しながら、それぞれに自分らしさを発揮していくこと、「そのままでいいがな」という言葉には、そんな思いが込められているように思います。

2 ゴリラが住みついた散歩道

実践　長谷川あや　埼玉・あかねの風保育園

　あかねの風保育園は、埼玉県所沢市の西部に位置する、自然豊かな保育園です。2歳児クラスのめろん組は、男児7人、女児6人の13人の子どもたちと担任保育者2人（保育歴3年目と1年目）で構成されています。担任の長谷川さんによると、「園の南側には茶畑が広がり、西側には『白旗塚』（古墳や神社のある緑豊かな場所）を中心にけやき林、広い原っぱ、どんぐりのたくさんなる雑木林があります。四季折々の景色が美しく、子どもたちにとって絶好の環境です」とのこと。そんな自然豊かな環境の中で広がっていった2歳児の見たて・つもりの世界を紹介します。

1）「ゴリラの自転車だー！」

　2歳児クラスのみんなのお気に入りのお散歩コースは、園の近くにある白旗塚の雑木林。ある時、雑木林の中で自転車を見つけたふうやくんが「ゴリラの自転車だー！」と声をあげました。「ええ⁉　じゃあ、この近くにゴリラがいるのかなー？」と保育者が声をあげると、「こわーい！」とあとずさりする子どもたち。

　「だれか、見てきてー！」と保育者が声をかけると、みんな「やだやだー！」。そんな中、先頭を切って歩いていくふうやくんとやすしくん。この2人を先頭に、他の子どもたちも後ろから長い棒を持ってすすんでいきます。

　後ろの方で保育者が「あー！　なんか見えた！」と声をかけると、一目散に逃げてくる子どもたち。「つまんないからいい……」と一人つぶやいているたつるくんも、しっかり保育者の言葉やみんなの動きを見ています。そんなやりとりをお散歩に行くたびに楽しんでいる子どもたち。ジュースの缶やお菓子の袋など、落ちているものを見つけるたびに、「ゴリラのだー！」と叫んで、ゴリラのごっこの世界を楽しんでいます。

　雑木林の中に捨てられていた自転車。なんだか気味が悪いですよね。その自転車を前にして「ゴリラの自転車だー！」と名づけたふうやくん。この「ゴリラ」というイメージはどこからやってきたのでしょうか。じつはめろん組の子どもたち、ふだんから散歩で雑木林をくぐり抜けるとき、落ちている空き缶やゴミを見つけては「ゴリラが飲んだやつじゃないー？」「ゴリラが食べたんじゃない？」などと言って、雑木林の中にゴリラがいると

いう想像世界を少しずつふくらませていたのだそうです。最初は仲のよい数人の子が口にするだけだったのが、徐々に全体へと広がっていき、ついにはクラスのみんなが共有するイメージへと発展していきました。

　さて、ふうやくんの言葉をすばやく拾い上げた長谷川さん。「じゃあ、この近くにゴリラがいるのかなー？」と言うと、一斉に「こわーい！」の声。でも、その後の展開を見ると、「こわい」けど「見てみたい」、「こわい」けど「楽しそう」という子どもたちのワクワクドキドキ気分が伝わってきます。「雑木林の中にもしかしたらゴリラが住んでいるかも……？」というイメージ、「こわいけど見たい」「こわいけど楽しい」という気分をみんなで共有し合って、「ゴリラの世界」はさらに展開していきます。

2）次から次へとイメージがつながって

　あるとき、ちづるちゃんが「あっ！　赤ちゃんゴリラがいるよ。ほらほら」と指をさしました。「どこどこー？」とみんな。ちづるちゃんがみんなにゴリラの居場所を教えていると、ゆうみちゃんも「ほら、あそこの木の上！　いるよ。おりてきた」と指をさします。保育者がゴリラの赤ちゃんを抱っこするまねをすると、「抱っこしたいー！」となおみちゃん、ももかちゃん、くみこちゃんも大事そうにやさしく抱っこするまねをしています。りゅうくんとけんたろうくんは、枯れ葉を拾って「ごはんですよー」とゴリラにあげるまね。

　林を抜けて少し行くと、大きな穴を発見。枯れ葉がたくさん入っています。りゅうくんが「ゴリラのベッドじゃない？」とひと言。その言葉をきっかけに、そこは「ゴリラのベッド」と名づけられました。

枯れ葉でふかふかのゴリラのベッド

お散歩に来るたびに、「ゴリラいないかなー？」と穴をのぞき、「いなかったー」と言って穴の中に入る子どもたち。助走をつけて枯れ葉の上に回転ジャンプをするのはやすしくん。「あっ！　ゴリラの赤ちゃんがいるー！　はっぱかけてあげよー」と保育者が声をかけると、穴の中で寝たふりをして、みんなに葉っぱをかけてもらうやすしくん。
　そこへ保育者の携帯が鳴りました。「もしもし、はい。え!?　そうですか。はい。わかりました」と言って電話をきると、「どうしたの？　なに？　なに？」とみんな興味津々。「ゴリラさんからだった。『みんな楽しそうに遊んでいるね。ぼくも今から帰るね』だって〜！」と伝えると、みんなハッとした表情。園めがけて一目散に駆け出す子どもたちです。穴から出られず、「うーん、うーん」ともがいているなおみちゃんを見つけて、あんりちゃんとひでなりくんが駆け寄って、穴の上から手を差し伸べて助けます。2人に助けてもらって、なんとか無事に出られたなおみちゃんでした。

　「ゴリラ」のイメージをみんなで共有して、思う存分に楽しむ子どもたち。「赤ちゃんゴリラがいるよ！」という言葉に、「どこどこー？」「あそこの木の上！」「抱っこしたいー！」と、みんなの言葉がどんどん重なっていきます。友だちが感じたおもしろさや楽しさをわがことのように感じて、同じようにおもしろがり楽しまずにはいられない。そんな「ノリがよい」2歳児の真骨頂が、まさにここにはあります。
　もちろん、相手の心や体の動きをなぞるこうした模倣や同調、そして想像や創造の行為も、一朝一夕で成し遂げられるものではありません。日々、友だちと一緒に何度も園外に散歩に出かけ、広大な自然の中で心も体も解放し、ともにイメージを出し合い、分かち合うといった経験の積み重ねを通して、ようやく成し遂げられていくものです。
　実際、あかねの風保育園では、毎日のように散歩に出かけます。散歩では、花を摘んだり、ねこじゃらしを採ったり、栗を拾ったり、クモの巣を見つけたり、自然を目いっぱい楽しみます。川で水あそびをしたり、林の中でかくれんぼをしたり、真っすぐな道でヨーイドン！　とかけっこをしたり、体を思いっきり動かします。また、丸太に乗っかって電車ごっこをしたり、木の皮をはがして魚やご飯に見たてて遊んだり、林の中にオオカミやおばけがいるなど想像を楽しんだりします。こうした日々の積み重ねを通して、友だち同士の「ノリのよさ」もつくられていくのではないでしょうか。
　さて、ゴリラごっこの最後は保育者の携帯電話の音とともに訪れます。「ゴリラさん、今から帰るって」という知らせに、とたんに顔色を変えて一目散に園めがけて駆け出す子どもたち。本気に本気でゴリラのことがこわいのか、それとも、「ゴリラが来る、ならば逃げる」という本能的な気分がそうさせるのか、何がどうしてそうなのかはわかりませんが、それでも「みんなで一目散に」というところに、子どもたちみんなが心も体も動かして、同じイメージや気分をしっかりと共有できていることがうかがえます。

3）自然の環境そのものが「しかけ」

ところで、こういう実践のとき、保育者としてはどういう立ち位置で子どもたちとかかわっていけばよいのでしょうか。長谷川さんは次のように考えていたそうです。

「ゴリラの世界」をもっと楽しくするために何かしかけをと考え、「バナナの皮をベッドの中に入れておこうか？」と話し合ったこともありました。しかし、あえてそれはせず、その日に子どもたちが発見したものを大事にして、ふくらませていきたいと考えました。子どもたちが出会う自然の環境そのものが、私たちにとっての「しかけ」だったのです。

これは身近なところに豊かな自然が広がっている園だからこそ、言えることかもしれません。これだけ広大な自然ならば、必ず子どもたちを何かしら魅力的な場所へと誘ってくれるはず。自然に対する絶大な信頼がここにはあります。と同時に、保育者があえてしかけを用意しなくても、日々自然と慣れ親しみ、「みんなと一緒が楽しい」を味わっているこの子どもたちなら何かを発見してくれるはず、という信頼感もありました。

もちろん保育者も、この信頼感だけを頼りに子どもたちにすべてを丸投げしているわけではありません。子どもたちの発見やひらめきをきちんと受け止めながら、それがより実りある方向へとふくらんでいくよう、ほんの少し先を見据えながら、瞬時に柔軟に子どもたちに投げ返しているのです。

4）思いを言葉に表現することをくり返して

さて、虚構と想像の世界を目いっぱい楽しんでいる子どもたちですが、もちろん楽しいことばかりではありません。イメージや気分をみんなで共有できるようになるまでには、それなりのすったもんだがありました。6・7月ごろには、次のような記録が見られます。

●おもちゃを全部使っているなおみちゃん。「なおちゃんが使ってるの！」「なおちゃんが使いたいからダメー！」と、おもちゃを抱え込んでしまっています。そこへけんたろうくんがやって来て「かーしーて」と声をかけます。「ダメー！　なおちゃんが使ってるから―」「かして！」「ダメー！」「かして！」「ダメー！」。けんたろうくん、ついには「えーん。なおちゃんがダメって言ったー」と泣きはじました。
●すべり台を「おうち」に見たてて遊んでいるたつるくん。一方、こうへいくんは「工事

現場」に見たてて遊んでいます。こうへいくんが「工事現場でーす」と言うと、「ちがうー！」と怒り出したたつるくんでした。

●ひでなりくんとこうへいくんがおしいれの中で遊んでいると、けんたろうくんがやって来ます。すると、２人して「けんたろうくんはダメー！　入っちゃダメー！」。けんたろうくんは、泣いて悲しそうにしています。次に、あんりちゃんが来ると、「あんりちゃんはいいよ〜」。保育者が「なんでけんたろうくんはダメなのー？」と聞くと、「ダメだからダメー」。「どうしたら入れてくれるの〜？」とたずねると、「おばけになったらいいよ」とひでなりくん。けんたろうくんが涙をぬぐいながら、一生懸命「おばけだぞー‼」となりきって言うと、「いいよ〜！」と２人。一緒になって遊びはじめました。

　子どもたちは２歳児クラスのはじめ、「かして」「ダメ」「入れて」「ダメ」のやりとりをたくさん経験します。「そのとき貸し借りできなくても、お互いの気持ちを知ることからスタートすることが大事」と長谷川さん。「ダメ」と言われてさびしい気持ち、嫌な気持ちをたくさん味わって、涙もいっぱい流した子どもたちは、やがて「なんでダメなの？」「なんで使っちゃいけないの？」と質問を投げかけるようになり、そして、投げかけられた側も「だって○○だったんだもん」と自分の思いを言葉で表現して伝えることができるようになっていったそうです。

　そうして自分の思いを表現できた子どもたちは、次第に「あとでならいいよ」「○○ちゃんが使い終わったら貸してあげるね」と、自分の思いを伝えることができるようになります。そして、最初のうちは「あとでじゃイヤだー。いまがいい」と泣いて訴えていた子どもたちも、相手の思いを知るうちに次第にそれを受け止め、待つことができるようになっていくのです。そこには、友だちとケンカをくり返しながらも、やはり「○○ちゃんと遊びたい」「みんなと一緒が楽しい」と思いはじめたことがその背景にはあるにちがいありません。「ゴリラの世界」の実践は、こうした友だちとの長い押し引きをくぐり抜ける日々とともにあったのです。

５）保育者も一緒に楽しむ

　最後にこの「ゴリラの世界」の実践をふり返って長谷川さんは次のように述べています。

　一年を通じて「ゴリラの世界」が広がり、見たて・つもりの世界を楽しんできました。最初のころは、保育者の側からきっかけをつくったりもしましたが、その後は子どもによる発見をふくらまし、その日その日を思いきり楽しんでいきました。保育者も一緒に楽し

むこと、また「見たて」「つもり」の世界をふくらませていくには、保育者同士の連携がとても大切であることを改めて実感しました。保育者同士の声のかけ合い、「せんせいたち、楽しそう！」と子どもたちが思えば、必ずのってきます。

保育者もこうしたあそびの中で、子どもとの関係ももちろんですが、保育者同士の関係もつくり上げていたのではないかと今になって感じています。その日あった子どもとの楽しい出来事を伝え合い、笑い合うことがとても多かったです。そのことが互いへの信頼につながり、保育者自身とても安心して保育することができました。

もう一つ大切にしてきたことは、子どもたちが発する「言葉」です。「○○じゃない〜？」「ちがうよ、○○だよ〜！」など、あそびを通して友だちとの関係もふくらみ、言葉によるやりとりも多くなっていきました。友だちの思いも聞けるようになり、自然にお互いを受け入れられるようになっていきました。同じものを見て、同じようなことをイメージして、「かわいいね」などとお互いに口にし合うことで、人と人との関係もより近づいていったのではないかと思います。

　保育者も一緒に楽しむこと。虚構世界を楽しむ見たて・つもりあそびでは、それはなおさら必要なことかもしれません。何しろ虚構世界ですから、どっちにどうふくらむかわかりません。ふくらむ、ふくらまないも虚構世界のつくり手次第。豊かな自然はそれだけで子どもたちの不思議心や探究心をくすぐってはくれますが、幼い子どもたちがイメージや気分を伝え合い、それをみんなで共有するためには、保育者によるリードがやはり必要なのです。虚構世界がふくらむということは、それだけ日常の現実世界から離れてイメージや気分が浮遊することを意味します。ですから、これは保育者自身も楽しまないことには、どうにもなりません。なぜって、楽しんでいなかったら、イメージや気分は浮遊するどころか、現実世界のまわりをずっと低空飛行し続けることになるでしょうから。

　そして、保育者自身が子どもとの楽しい出来事を伝え合い、笑い合うこと。園の保育者みんなが日ごろから互いに子どもの楽しい話題を共有し合って、互いに笑い合って、子どもとともに虚構世界を楽しむ準備ができていたら、こんなにすばらしいことはありません。長谷川さんも指摘するように、子どもたちは保育者同士の安心・信頼の関係を肌で感じて、「せんせいたち、楽しそう！」と、まるでわがことのようにうれしく感じて、思い思いに虚構世界をふくらませていくのではないでしょうか。そうした意味で、子ども同士だけではなく、保育者同士が互いにイメージや気分を共有し、虚構世界を楽しむことができるような関係をつくり上げていくことはとても大事なことなのです。

column 7　2歳児クラスに人気の絵本

安曇幸子　東京・豊島区立保育園

●うんち・おしっこの本

　トイレトレーニング真最中の子どもたちにとって、「うんち」「おしっこ」は身近なもの。トイレのうんちに向かって「出ちゃったんだよ。お尻から出ちゃったんだよ……」と話しかけている子がいました。自分の体から出てきた分身のように思えるのでしょうか。「食べたものがウンチになって出る」をやさしい絵で教えてくれるのが、『りっぱなうんち』（きたやまようこ作、あすなろ書房）です。子どもたちは「ライオンのうんち、アイスクリームみたい」「金魚の長いね。お尻ここかな？」と、興味津々。「りっぱなうんちが出たかどうか」がクラスの合言葉になりますよ。うんちを「汚いもの」として片づけるのではなく、「生きていくのに大切なもの」としてとらえたいですね。

　『ぷくちゃんのすてきなぱんつ』（ひろかわさえこ作、アリス館）は、はじめてパンツをはいたときのお話です。ぷくちゃんがおもらしするたびに、子どもたちは「あらら……」という表情。それでも、毎日経験ずみだからでしょう、「まだパンツあるよ」「だいじょうぶだよ」と共感の言葉が返ってきます。そして、次々に取り替えるぷくちゃんのパンツ柄が、またかわいいのです。「あっ、おひさまパンツ！」「くじらパンツがいいな」と、パンツ品評会にも広がる楽しい絵本です。

●自分でできるよ！　パワーアップの本

　「自分でできるよ！」と自信満々なのだけれど、「あちゃ～」と目を覆いたくなることをやってのけるのも2歳児です。『おでかけのまえに』（筒井頼子作、林明子絵、福音館書店）では、主人公のあやこはお父さんとお母さんが目を離した隙に、ピクニックへ行く準備を自信満々で手伝おうとします。あやこがつくったお弁当を見て、「ぐちゃぐちゃだねえ」「りんごは皮むかないと食べられないよ」と客観的に見ることのできる子どもたち。しかし、あやこがお母さんの化粧道具を使ってひどい顔になったのを見ると、途端にうれしそうな表情で「ママしてくれた」「おうちでやったよ」と言いはじめます。「わっ、すごい顔」と思うおとなの感覚とはずいぶん違うようです。子どもたちにとって、あやこの行動は共感できるものなのでしょう。

　それとくらべて『だめよ、デイビット！』（D・シャノン作、小川仁央訳、評論社）の主人公デイビットがしでかすイタズラは、子どもたちさえもびっくりさせるようです。「落ちたら割れちゃうよねえ」「ちょっとずつ食べるんだよね」と、「いけないチェック」が続き、読み終わったとたん「もういっかい！」。とうとうデイビットは野球ボールで花瓶を割ってしまうのですが、同じように「おうちでボールした、バン！　って。ママ怒ったよ」と言うあゆむくんは、「こいつ、おもしれ～」とそのイタズラに魅力を感じているようでした。最後はお母さんに抱きしめられ、幸せ顔のデイビット。名前を、目の前の子どもたちに替えて読んであげても楽しい絵本です。

●おばけ大好き！　の絵本

　1・2歳児になると「おばけ」という得体の知れないものに恐怖を感じてしまう子ども

がいます。おばけの世界を楽しむには、本格的にこわがらせるよりも、「ちょっとこわい」くらいが、想像の世界が広がるのかもしれませんね。『にゅーっ するするする』(長新太作、福音館書店)は、赤い海から手が出てきて、猫や飛行機やお母さんまで引きずりこんでしまうお話。ジーっと見守る子どもたち。「お母さんはここに隠れているよ」「おばけいるよ」と想像をふくらませています。

2歳児クラスの夏ごろ、幼児クラスで見つけて「読んで」と持ってきたのが、『めっきらもっきらどおんどん』(長谷川摂子作、ふりやなな画、福音館書店)です。ちょっとむずかしいかなと思いましたが意外とじっくり見ていて、「もんもんびゃっこ、どこ?」と、どの妖怪なのか知りたがります。そして、リクエストに応え2回目を読みはじめたところ、突然るみちゃんが「おかあさん、いないよ〜。おかあさ〜ん!」と叫びだしたのです。「おかあさーん」は主人公のかんたが人間の世界へ戻るときに寂しくなって叫んだ言葉。るみちゃんはすっかり「おかあさーん」の世界へ入り込み浸っていました。

「2歳児だからこの絵本」と決めつけずに、いろんなジャンルの絵本を幅広く読んであげることが大切なのだと思います。時には、乳児絵本も楽しいですよ。

● **みんなで笑おう、ナンセンス絵本**

言葉の理解の差が大きくても、みんなで楽しめるのがナンセンス絵本です。それも、一人で見るより集団で見るほうが格段におもしろさが増すところが魅力。『ねこガム』(きむらよしお作、福音館書店)は、風船ガムをかんでいた男の子が、逆に風船ガムに吸われてしまう話です。まさかの展開に「あっ、食べちゃった」「あらら……」。最後に風船ガムが破裂して男の子の顔にくっつく場面になると、笑いが起きます。そこで、わざと「ベチョ!」と音を入れると、もう大笑いです。

身近な音をいろいろ並べて絵本にしたのが、『がちゃがちゃ どんどん』(元永定正作、福音館書店)です。なんの音なのか想像しながら身振り手振り声色で表現して読むと、必ずまねする子どもが出てきます。一人がまねするとみんながまねしだし、笑顔になります。さらに友だちの笑いを期待して、わざと笑う姿もあって、「みんなで笑う空間の心地よさ」を感じるひと時です。最後のページの「ぷ」はおならを連想させ、そこから「○○ちゃんのおならがプオ〜ン」とおなら音を創作していくと、さらに楽しめます。どんな絵本を子どもたちが好きなのかは、やりとりをおもしろがることでみえてくるのです。

その他にこんな絵本はいかがでしょう。ぜひ子どもたちと一緒に楽しんでみてください。

＊

『おかあさんのパンツ』山岡ひかる作、絵本館
『うんちしたのはだれよ!』W・ホルツヴァルト文、V・エールブルッフ絵、関口裕昭訳、偕成社
『どんどん どんどん』片山健作、文研出版
『おばけがぞろぞろ』ささきまき作、福音館書店
『がたごとがたごと』内田麟太郎作、西村繁男絵、童心社
『たぬきのじどうしゃ』長新太作、偕成社
『めのまど あけろ』谷川俊太郎文／長新太絵、福音館書店

第3章
仲間とともに育つ自我

思いがふくらみ
響きあう

　ここでは、2歳児の仲間とともに育つ自我の姿について見ていきます。2歳児といえば、自我のめばえと拡大期。なんでも「イヤ！」の強情な姿が見られはじめたかと思いきや、今度は「ワタシガ」「ボクノ」「ジブンデ」「ミテテ」など、はげしく自己主張する姿が見られはじめます。「自分はすごいんだ」「だから尊重してくれないと困るんだ」とばかりに、自分の思いだけを強引に貫こうとするので、トラブルもたびたび発生しますが、そのうち、仲間とともに喜び合い笑い合うことの心地よさに気づき、次第に相手の思いを受け入れ、譲り合うことができるようになります。とは言え、そこはまだ2歳児ですから、そのように単純に順調に発達的変化を遂げるわけではなく、そこに至るまでには保育者のそれ相当の奮闘が要求されます。以下ではそうした奮闘の様子を見つめながら、2歳児の「自我発達の物語」を支える保育について考えてみたいと思います。

❶ ちづるちゃんとももかちゃんの物語

> 実践　長谷川あや・児玉朝子　埼玉・あかねの風保育園

　最初に見ていくのは、第2章でも登場したあかねの風保育園の2歳児クラスめろん組（園児13名と担任保育者2名）です。第2章では「ゴリラの世界」を中心に展開するクラスの物語に着目しましたが、ここでは、互いに近づいたり離れたりをくり返しながら自我を

ふくらませていくちづるちゃんとももかちゃんの2人が主人公の物語を紹介します。

1）友だちを独り占めにしたい！……けど

何をするにも一緒

4月、ちづるちゃん（2歳7ヵ月）とももかちゃん（2歳2ヵ月）は、一日中一緒にいて、他の友だちは入れずに、いつも同じことをして楽しんでいました。焼イモごっこをしたり、ティッシュを箱から全部出すイタズラをしたり、水道でみんなのタオルを洗濯したり、ぬいぐるみをたくさん並べて子守唄を歌って寝かしつけたり……。

ももかちゃんに新しい友だちが

ところが、5月の終わりごろにももかちゃんに新しい友だちができると、ちづるちゃんはあそびに行こうとするももかちゃんを「ここに座ってて！」と呼び止めたり、ひっぱったりたたいたりして自分の思い通りにしようとしはじめました。ももかちゃんが楽しそうに絵本を読んでいると、それをサッと取り上げたりしたこともあります。そんなちづるちゃんに対して、ももかちゃんは「いやだ」という気持ちを伝えることができず、悲しそうに泣くばかりです。

はじめての大ゲンカ

そんなある日、ももかちゃんがくまのぬいぐるみで遊んでいると、ちづるちゃんがそれを欲しがり、無理やりとろうとしてひっぱり合いになりました。ついにちづるちゃんがももかちゃんの頭をたたき、髪をひっぱりはじめました。

いつもはされるがままになっているももかちゃんですが、このときはじめて「やめて！」と言って、強く押し返しました。一方ちづるちゃんは、予想外の展開に泣きはじめ、その後は2人ではげしくケンカする姿が見られました。これをきっかけに、ももかちゃんの気持ちはちづるちゃんから次第に離れていきました。

ちづるちゃんとももかちゃんは、月齢にして5ヵ月の差。ちづるちゃんからするとももかちゃんは自分よりも小さくて、「自分は大きいんだ」という「誇らしい自分」を強く感じることのできる、そんな存在だったのでしょう。ところが、ももかちゃんに新しい友だちができて、ちづるちゃんのもとを離れることが多くなっていきます。ももかちゃんからすると、ちづるちゃんとの一方的な関係よりも、新しいお友だちとの対等な関係のほうが居心地よく楽しく感じられたのかもしれません。ももかちゃんが自分のもとから離れるようになって、ちづるちゃんはあせります。ももかちゃんに行かないように命令したり、たたいて言うことをきかせようとしたり……。最初は「イヤ！」と言えなくて、されるがままになっていたももかちゃんも、ついにはちづるちゃんとは異なる「自分」の思いを表現し、大ゲンカへと発展。そして、それを契機に2人の距離は離れていったのです。

2）友だちが離れていく……その不安や葛藤の中で

ブタのぬいぐるみにこだわるちづるちゃん

ももかちゃんの気持ちが離れていくのと合わせて、ちづるちゃんは、園に置いてあるブタのぬいぐるみにこだわるようになりました。まるで「もう一人の自分」のように声をかけ、常に持ち歩き、大事にしていました。

私の気持ちをわかって！

7月ごろになると、ちづるちゃんは、保育者を強く求めるようになりました。「私の気持ちをわかってよ！」と言わんばかりに保育者をたたいたり、イヤイヤを強く出して泣き崩れたり……。私たちは、ちづるちゃんの複雑な気持ち、「ありのままのちづるちゃん」の姿を受け止めるようにしていきました。

友だち関係が広がるももかちゃん

一方、ももかちゃんは友だち関係が広がりちづるちゃんから距離を置いています。ちづるちゃんは、少しずつ「ももかちゃんは私とは違う気持ちを持っているんだ」と気づきはじめたようでした。

　自分の思いを受け入れてくれた友だちが自分のもとから去って行ったことで、はじめて「友だちは自分とは異なる思いを持った存在である」という現実に直面したちづるちゃんは、その不安や葛藤を、ぬいぐるみへの執着とともに、新人保育者である児玉さんへのはげしい感情の爆発というかたちであらわしていきます。児玉さんは当時のちづるちゃんとのやりとりを次のようにふり返っています。

　保育者一年目で、はじめてのことだらけ、わからないことだらけの毎日。ちづるちゃんは私が一年目だということをよくわかっていて、私を試しているような行動をたくさん示しました。

　足を洗う時、オムツを替える時、着替えをする時、いろいろな場面で「イヤイヤ」を出してきます。そんな時、私はうまい言葉や声かけが思い浮かばず、「どうしよう……」ととまどい立ち止まってばかりでした。

　昼寝の時も、長谷川先生がいる時には寝そうになっていたのに、長谷川先生が休憩に行った途端にパッチリと目が開いて、おふとんから離れて遊びだしたり、机の上に乗ったりします。そんな時、くやしさやあせりの気持ち、いろいろな気持ちが入り混じって、私の心の中はグシャグシャになってしまいました。そんな私の安定していない気持ちでの「もう寝る時間だよ！」という声かけには、「わぁーー‼」と大泣きのちづるちゃん。

　お昼ご飯の時には、わざと席を立って歩きながら食べたり、おもちゃで遊びだしたりするちづるちゃん。その姿を見て、やはりどう接したらいいのかわからない私は、注意するのにも自信のない声かけしかできていませんでした。もちろん、ちづるちゃんはそんな声かけには耳を貸さず、「うるさいよ」と言わんばかりに遊び続けています。けれど、そこで長谷川先生が一言声をかけると、すんなり席に戻っていきます。そんな時は、長谷川先

生の言葉はすぐに聞き入れるちづるちゃんに対して、そして、きちんと声をかけられない自分に対して、くやしい気持ちと「どうしたらいいの?」という気持ちでいっぱいになりました。(児玉)

　おとなに対する選択的行動は、2歳児であればすでに見られます。母親におねだりしたものの願いがかなえられなかった子どもが、すぐにおじいちゃんのところに行って願いをかなえたという話はよく耳にします。どの相手であれば自分の願いをよりかなえてくれるのか、幼い彼らはすでに知っているのです。
　ちづるちゃんにとって、児玉さんは長谷川さんと違ってわがままを許してくれる相手、たとえ許してくれなくても、最終的には押しきることができる相手と映っていたのでしょう。そして、とくに仲よしだったももかちゃんが自分のもとから離れて、不安でどうしようもない思いを抱いていたちづるちゃんにとって、児玉さんは、その胸の内のモヤモヤをぶつける格好の相手だったのです。しかし見方を変えれば、こうして自分の感情を吐き出す体験も、この時期のちづるちゃんにとって必要なことだったのかもしれません。児玉さんの記録をもう少し見ていきましょう。

3）子どもの思いに真剣に向き合って

　そんな日々が続いていたある日、ちづるちゃんと何人かの子がおやつを食べていました。すると、ちづるちゃんが私の顔を見ながら、立っておやつを食べたり、床に座って食べたりしはじめました。それまではそんな姿を見ても、「どうしよう、どうすればいいんだろう」とあせるばかりで、あいまいな対処をしがちでしたが、その日、ちづるちゃんと向き合うきっかけを探していた私にとっては、いいチャンスでした。
　立って食べているちづるちゃんに、「立っていたら、おやつは食べられないよ」と声をかけると、もちろん「ヤダ！」という答えが返ってきます。それでも、「座らないとおやつは食べられない」ということをくり返し伝えると、よりはげしく「イヤダ！」「キライ！」。けれどその日は、「引かないぞ！」と私も決めていたので、何度「イヤ」と言われようと、泣かれても怒られても、くり返し伝え続けていきました。すると、ちづるちゃんも引かない私を感じたようで、納得しておやつを食べはじめました。
　おやつを食べ終わると、次は「お人形持ってお外に出る！」とちづるちゃん。お人形を持って外には出られないということをちづるちゃんはよくわかっています。けれど、私が「お人形はお外に持っていけないよ」と声をかけると、「やなんだよー！　持ってくの！」とイヤイヤをはげしく体全体であらわします。その時も、長い時間をかけて、話して伝

えていきました。

ちづるちゃんも「今日は何かが違うな」と感じたのか、ちづるちゃんも「うん。わかった」と納得してくれました。そして、「お人形置いてこられる？」と聞くと、「うん！」と一人でお人形をロッカーの中にしまってきて、「しまってこれたよー！」とニコニコ笑いながら駆け寄ってきました。その時、ちづるちゃんははじめて、今まで私に見せたことのないとてもやわらかいうれしそうな表情を見せてくれました。ちづるちゃんと２人で、「やったね！　置いてこれちゃったね！」と喜び合って、その瞬間にはじめて気持ちが通い合ったと感じました。

とても些細な出来事かもしれないけれど、私にとっては涙が出そうなくらいうれしくて、そして、「これが向き合うということなのだな」と、ちづるちゃんに学ばせてもらいました。この出来事をきっかけに、ちづるちゃんの私への見方も少しずつ変わってきて、それ以後は、「イヤイヤ」だけではなく、抱っこを求めてきたり、赤ちゃんのように甘えたり、いろいろな姿を見せてくれるようになりました。(児玉)

　ちづるちゃんのようにはげしい感情をあらわにしてくる相手と正面から真剣に向き合い、対話するということは、まだ保育歴１年目と経験の浅い児玉さんにとって、相当にしんどい作業であったことは想像に難くありません。しかし、児玉さんは、この日ついに覚悟を決めました。しんどい作業を避けずに、向き合うことに決めたのです。そして、ちづ

るちゃんはついに児玉さんにありのままの自分を見せるようになったのです。

4）ライバルを強烈に意識して

　児玉さんに「イヤイヤ」だけでなく、抱っこを求めたり、赤ちゃんのように甘えたり、いろいろな姿を見せることができるようになったちづるちゃん。思いと思いのぶつかり合いを通して「わかり合えることの心地よさ」を知り、相手の思いを受け入れ、譲り合うことも少しずつできはじめたようです。そんな中、ちづるちゃんとももかちゃんは互いをライバルとして意識しながら別々に遊ぶといった姿が見られはじめます。

ちづるちゃんよりもくみこちゃん

　10月ごろ、くみこちゃんを強く求めるももかちゃんの姿が見られるようになりました。散歩となると「くみこちゃんと手をつなぐ〜」、食事となると「くみこちゃんここあいてるよ」、おやつとなると「こことっといたよ」など、やたらとくみこちゃんと一緒を求めます。そして、そういった時には必ずちづるちゃんのほうをチラチラ見ます。「ちづるちゃんよりもくみこちゃん」と、意識してアピールしているかのようです。

くみこちゃんの取り合い

　しかし、11月に入ると、今度はちづるちゃんもくみこちゃんを求めるようになります。「くみこちゃんのとなりがいい〜」「くみこちゃんと手をつなぎたい」と言うのです。

　その後しばらくの間、お散歩に行くときはくみこちゃんを真ん中にしてももかちゃん、ちづるちゃんの3人で手をつないで歩く姿が見られはじめます。しかし、だからといって3人で遊ぶというわけではありません。ちづるちゃんとももかちゃんのかかわりはなく、くみこちゃんを仲立ちとしてお互い意識しながら遊んでいるのです。

　ちづるちゃんとくみこちゃんが、チューリップのうたを歌っているとき、ももかちゃんも一緒に歌おうとすると「ももかちゃんは歌わないで！」と声を出したり、食事のときも、くみこちゃんの隣に座るためにお互いにどちらが早く声をかけるか、競い合っているようでした。このころの2人はまさにライバルのような関係でした。そして、このころから、ちづるちゃんにも、友だちの広がりが見られるようになりました。

　くみこちゃんと仲よく遊びはじめたももかちゃん。その様子を離れたところから眺めていたちづるちゃんも、なぜだかくみこちゃんを求めはじめます。2人はくみこちゃんを接点として、ぎこちないながらも再び関係を結んでいきます。ただ、4月当初と異なるのは、2人の力関係は一方的なものではなく、対等なものであること、そして2人だけの狭い世界ではなく、複数の友だちを含めた広い世界へと移行していることです。

5）再び一緒に遊ぶように

小さなプレゼント

2月のある日、ちづるちゃんはももかちゃんに広告でつくった棒を手渡しました。すると、ももかちゃんはすごく大喜びで、それから2人で追いかけあそびがはじまりました。棒でお尻をつつき合い、キャッキャッと笑い合っています。その日を境に、2人がくみこちゃんを強く求める姿は見られなくなりました。

2人は再び一緒に遊ぶようになり、今までのぎこちないライバル関係はいったいなんだったんだろうと思うほど、4月当初のような仲のよい2人の姿が見られはじめました。4月のころの2人と大きく異なる点は、2人だけで楽しむ世界から他の友だちを含む複数で楽しむ姿が見られるようになったことです。このころには、ちづるちゃんのぬいぐるみへのこだわりも、すっかりなくなっていました。

今ふり返ると、ちづるちゃんはももかちゃんという頼りにしていた存在に新しい友だちができて、少しずつ自分から離れていったことに対して、とても不安を感じていたのだろうと思います。その時期とブタのぬいぐるみや保育者を強く求める時期とが重なっていたのも、ちづるちゃんの複雑な心の状況をあらわしていると思います。私たちは、ありのままのちづるちゃんを受け止めていくようにしました。

少しずつ相手を受け入れる気持ちに

また、年間を通して、ごっこあそびや見立て・つもりあそびなど、あそびの楽しさを友だちと共有し、同じイメージで楽しむことを大切にしてきました。そうしたかかわりや活動を通して、ちづるちゃんも次第に「相手を受け入れよう」という気持ちになっていき、新しい友だちの輪も広がり、相手の気持ちに気づくことができるようになっていったのではないかと思います。

4月に気持ちが離れて以来、一年近い月日がたって、ようやくつながりあった2人。きっかけはちづるちゃんからももかちゃんへのちょっとしたプレゼント、しかも広告でつくった棒という、おとなからしてみればほんのささいな出来事なのですが、2人にとってはとても大事な意味を持ったのでしょう。それをきっかけに、もう以前のような第三者のくみこちゃんへの強いこだわりはなくなり、4月当初のように2人で笑い合って遊ぶ姿が見られはじめました。ただ、違っているのは、2人がその間にたくさんの体験をくぐり抜け、積み重ねてきたということ、そしてその分だけ、2人が成長したということです。

長谷川さんは保育の中で大切にしてきたこととして、1つめに「ありのままのちづるちゃんを受け止めていったこと」を挙げています。ちづるちゃんがももかちゃんと離れ離れになってグシャグシャな思いのまま保育者に投げかけた「私はここにいるよ」「私のこと

をわかって」「私をもっと尊重して」という思いを、保育者がしっかりと受け止めたことを、大切なこととしてふり返っています。保育者に要求をぶつける前に、ブタのぬいぐるみというぶつける相手がいたことも、ちづるちゃんにとっては幸運なことだったかもしれません。とにかく、グシャグシャな思いを保育者に受け止めてもらえたという体験を通じて、ちづるちゃんの心は次第に安らぎ、自分の思いばかりをぶつけるのではなく、相手の思いにも目を向けようというようにと、変化が生じてきたのではないかと思います。

　2つめに、「ごっこあそびや見たて・つもりあそびなど、あそびの楽しさを友だちと共有し、同じイメージで楽しんでいったこと」を挙げています。このことは前章の実践「ゴリラが住みついた散歩道」でくわしく紹介しましたが、同じクラスの同時期のこの実践を改めてふり返ると、ちづるちゃんもももかちゃんも「あっ！　赤ちゃんゴリラがいるよ」「抱っこしたいー！」などと、ゴリラの世界の中では、他の子どもたちと一緒に心を動かし楽しんでいたことがわかります**(→101ページ)**。見たて・つもりあそびという2歳児にふさわしいあそびを通して、互いに共感し、同調し合うことの楽しさにどっぷりと浸る。そうした中で、徐々に友だちの輪が広がり、友だちの思いに気づけるようになっていったのではないでしょうか。

② あそびの中で変わっていくのりこちゃんの物語

実践　平井由美　岡山・岡山市立神下保育園

　神下保育園は、岡山市の中心部に位置する公立保育園です。2歳児クラスひなぎく組は、16人（男児8名、女児8名）の子どもたちと3人の担任保育者で構成されています。家庭環境が不安定な子どもが多いこともあり、甘えも自己主張もそれぞれにはげしく、泣いたり怒ったりと子ども自身が困惑している場面が多く見られるようです。まずは「一人ひとりが自分を出せるように」「友だちと一緒が楽しいと思えるように」と願って、共感的関係が結びやすいごっこあそびを中心に計画していきます。以下では、共感的関係を通して育っていったのりこちゃんの成長記録を年度前半の保育を中心に紹介します。

1）共感的関係がなかなか結べない日々

保育者を拒否するのりこちゃん

　年度はじめ、子どもたちは新しいロッカーや新しいおもちゃ、新しい友だちに興味津々の様子でした。しかし、一人ひとりを見ていくと元担任へのこだわりが強く離れない子、見通しが持てず部屋を飛び出していく子、好きなあそびが見つからず保育者にベッタリな子と、自分を出せない子や友だち・保育者との関係づくりが大変だなと思われる子が何人もいました。

　そんな中でもとくに気になったのが、のりこちゃん（2歳11カ月）です。若年でのりこちゃんを出産した母親は育児不安を抱えています。まわりの友だちにあそびに誘われても、砂をかけたり押したりたたいたりと口より手が出るほうが先でした。「おめー来るな！」「バーカ」「あっちいけ」「チッ」などの言葉を発したり舌打ちをするということもしばしばありました。

　保育者に対しての信頼感はまったくと言っていいほどなく、着替えや排泄等を手伝おうとすると「のりちゃんする！」と、ものすごい剣幕で拒否します。抱きしめようとしても抱っこをしようとしても手をつなごうとしても体を振りほどいてこちらを避けるように逃げ、ほとんどかかわりを持とうとはしませんでした。信頼できる人のいない園生活なので、午睡時間になると不安のあらわれから「のどいたい」「おなかいたい」「しんどい」と口実をつけての号泣が続き、当分の間は午睡ができませんでした。

本当はみんなとやりたい

　4月のある日、室内にて、まずはつもりあそびからはじめてみようとピアノを使った模倣あそびをやってみました。音楽に合わせてカメになったり、チョウになったり、ゾウに

なったり、うたやおどりが好きな子が多かったので半分以上の子はとてもよく楽しんでいました。そんな中、部屋の隅っこで爪をかみながらみんなの様子を見ていたのりこちゃん。「一緒にしよう」と誘いますが「イヤ」と首を振ってその場から動きませんでした。しかし、他のあそびをするのではなくじっと見ていたので、やりたくないわけではないのだろうと思い、しばらく続けていくことにしました。

その数日後、室内で「3匹の子ブタ」ごっこをしていたときのことです。「せんせいがオオカミになるから、みんなお家に隠れてね」と言うと他の保育者に連れられてお家（ダンボールでつくった「レンガのお家」）の中に入りました。私が、ドアをドンドンとたたき、低い声で「い〜れ〜て〜」と言うのと同時にのりこちゃんは「こわい〜‼」と絶叫しながら号泣したのです。他の子もその声を聞いて、顔をこわばらせていたり固まって動けなくなってしまったり……。まったくあそびにならず、落ち着くまでに相当な時間がかかりました。

自己主張は成長の証し

私は、のりこちゃんのこわがり方が尋常ではないと思い、降園時、母親にその日の出来事を話しました。すると「家で言うことをきかんことが多いから、こわいお面をかぶったり、おばけや鬼が来ると言っておどかすことが多い」と言われました。私は、「自己主張が強くなるのが今の時期であって、成長の証しなんですよ。言うことをきかないといって毎回おどかすのではなく、できたことをしっかりほめてあげるようにしたり、できないと言った時には一緒にしてあげるように働きかけてみてください」と話をしました。母親は、悩みながらも「やってみます」と受け入れてくれたようでした。

　このようなのりこちゃんのケースは、決して特殊なケースではありません。若年での出産や育児不安……。保育者は子どもたち一人ひとりとの間に安心・信頼の関係を築きつつ、保護者支援も行い、それと同時に子どもたちの集団としての育ちを保障すべく、保育をデザインしていく必要があります。

　とくに2歳をすぎて2歳半を迎えるあたりから、子どもの自己主張はどんどん強くなっていきます。親としてはそれを成長の証しと認めて受け止めようとする反面、そのあまりのはげしさにとまどってしまい、ついには相手をすることにもすっかり疲れ果て、厳しい口調で子どもに接するということも多いでしょう。頭ではわかっていても、現実にやさしい親でい続けること、子どもの思いをしっかり受け止めてあげられる親でい続けることはむずかしい……。そんな葛藤の中に、どの親たちもいるのではないでしょうか。

　保育園では、そんな親たちの心理的な葛藤状況を理解し、その思いに寄り添いながら、子どもの発達に対する正しい理解と、この時期に大切なかかわりについて知らせていく役割が求められています。2歳児といえば自我をめばえさせ、その自我をふくらませていく時期。この時期は「イヤイヤ」という自己主張が多く見られるようになりますが、それは

発達の自然な姿なのであって、おとなの側が何がなんでも「ダメ」と強い態度で臨んだり、「困った子」「言うことをきかない子」とレッテルを貼ってしまうのではなく、その子の主張の背景にある思いに目を向け、その思いに寄り添い、しっかり受け止めることが必要となります。そして、そのようにしっかりと受け止めてくれるおとなとの信頼関係を土台にしながら、子どもはまた自己主張をくり返し、「○○したい」という明日へのあこがれの思いをめばえさせ、自我をふくらませていくのです。

2）「みんなと一緒が楽しい」との出会い

水たまりあそびで心を開く

5月の晴天、みんなで近くの神社まで散歩に行くことにしました。神社に着くと前日の大雨による大きな水たまりがありました。危ないかなと思った時にはもう遅く、男児を筆頭にバシャバシャと水たまりの中へ。靴が泥だらけになっていましたが、生きいきとした子どもたちの顔に「よし！　いけ～！」と保育者も一緒になって遊びまわりました。水たまりを走り抜けたり、強く足踏みをして水しぶきを散らせてみたり、水のかけ合いをしてみたり。

そんなみんなの姿を見ていたのりこちゃん。何も声をかけずに様子を見ていると、少しずつ近づいてきて「入ってもいいん？」と言ってきました。「いいよいいよ。汚れても着替えあるし、ママには汚れてごめんねって言うといてあげるから大丈夫だよ」と言うと、今までに見たことのないような笑顔で水たまりを力強く走り抜けていきました。張っていた糸が切れたように夢中で遊ぶのりこちゃん。

その日の夕方、みんなで集まって神社の水たまりで遊んだことを話していた時、水たまりで遊ぶものといえばカエルだということで、曲に合わせてカエルになって遊んでみました。すると、まったくやろうとしなかったのりこちゃんが部屋を一周カエル跳びで回ったのです。驚いて、とっさに「のりこちゃんじょうず！」と言うと、すぐにやめてしまいました。余計なことを言ってしまったと後悔しました。でも、のりこちゃんの中で、昼間のあそびの満足感があったから、少しでも心が開いて、みんなとすることが楽しいと思う気持ちが出てきたのだろうなと思いうれしくなりました。

一番に見つけたのは……

6月の大雨の日、『10ぴきのかえる』（間所ひさこ作、仲川道子絵、ＰＨＰ研究所）を読み、カエルになっておどりを楽しむ子どもたち。相変わらず一緒に動くことや歌うことはしませんが、みんなの様子を見ているのりこちゃんは、無表情だった以前とくらべ、笑顔が少し見えはじめていました。そうやってのりこちゃんも活動に参加しているようでした。

おどりを踊ったあと、「保育園の中を探検に行こう！」と言うと、みんなノリノリ。のりこちゃんにも「いろんな仲間に会えるから

行ってみようか」と声をかけました。『10ぴきのかえる』は、カエルたちがいろいろな仲間（ナマズ、かたつむり、ちょうちょ等）に道をたずねながら自分の産まれた池を探すというお話です。最後にはこわいザリガニが出てきますが、危機一髪で逃げきるのです。その内容通りに前日、園内にいろいろな仲間の絵カードをはっておきました。

さて出発！ ピョンピョンとカエル跳びをしながら仲間を探しはじめた子どもたち。のりこちゃんもみんなの後ろからついてきていました。2階に上がった時、大声で「おったー！ かたつむり！」と叫んだのはなんとのりこちゃん。その声でみんながその場に殺到。「どこにおるん？」と友だちが聞くと「ここ！ ここ！」と必死で教えてあげていました。「のりちゃんよく見つけたねぇ。すごいね」と声をかけると、とても満足そうな顔。相当うれしかったようで、部屋に戻るまで「かたつむりおったなー。のりちゃん自分で見つけたなー」と友だちや保育者に言い続けていました。

水あそびや泥んこあそびなどダイナミックに体全体を動かして心を解放するあそびや、絵本の物語を通して共通のイメージをわかち合ったり、物語に登場する動物たちの動きや言葉をみんなで一緒に模倣したり踊ったりといったあそびを通して、のりこちゃんは少しずつ周囲に対して心を開き、みんなと一緒の心地よさを感じるようになっていったようです。同じころ、泣いている友だちに「大丈夫？」と声をかけてくれるなどの姿もみられるようになったとのことです。

3）あそびのおもしろさを追究して

心ゆくまで水あそび

夏になり、水あそびがはじまりました。水に対して恐怖心のない子が多く、顔にかかってもへっちゃらです。水鉄砲、泥んこ、ボディ・ペインティング、色水等、日替わりメニューを設定し、毎日満足いくまで遊び続けました。中でもとくに盛り上がったのが絵の具あそびです。

室内にて、動物園のパネルシアターを見たあと、「絵の具で動物さんを描いて、動物園をつくってみよう！」と誘い、絵の具用の服とサンダルで外に出ました。事前に、絵の具用のコップ、いろいろな種類の筆、5色の水溶き絵の具とダンボールに貼った白い広々としたキャンバスを用意しました。

まずは、一人ひとりに好きな色と好きな筆を選んでもらい、はじめに保育者が描いてみせると、子どもたちは思い思いに描きはじめました。「ライオン描いたー」「へびみたいじゃろ」と話しながら描いています。

友だちにも「見て見てー」

そろそろ飽きてくる時間かなと思っていた時に、なつみちゃんが「ててに描いていいん？」と聞いてきました。私は「いいよ。手

にも足にも服にも描いていいよ」と言うと、指先から肩にかけて赤色のついた筆をツーッと滑らせました。

それを見ていたのりこちゃんは、「ママみたいにする」と、自分の足の爪に一生懸命絵の具を塗りはじめました。「せんせい見てー!」ととびきりの笑顔。「うわぁ! いいなぁ! せんせいも塗ってほしいなぁ」と言うと、私の足の爪にていねいに黄色の絵の具を塗ってくれるのでした。のりこちゃんと一緒に他の友だちに「見て見てー」と見せると、みんなも足の爪や手の爪、足や腕、服や顔につけはじめました。お互いの姿を見て笑い合い、次の標的は保育者。筆を握った子どもたちが大笑いしながら追いかけてきます。全身絵の具だらけになってしまいました。

はじめは動物を描こうという予定でしたが、子どもたちの発想によりあそびが広がり、集中して長い時間絵の具あそびを続けることができたので驚きました。

生まれはじめた信頼関係

なつみちゃんの姿に影響を受け、自分がやりたいことを躊躇なくすることができるようになったのりこちゃん。保育者に対しても友だちに対しても不信感というものが薄まり、心を許し開いていっている様子に、信頼関係が生まれているのを実感しました。

このころから、気にいらないと友だちに手を出したり、物を投げたりすることも減っていき、おもちゃを譲ったりがまんしたりする姿も見られるようになりました。泣くことが減り、笑顔が増え、午睡も落ち着いてできるようになり、このころにはいつも活動の中心にはのりこちゃんの姿がありました。

7月から8月にかけて、のりこちゃんの様子はずいぶん変わってきました。保育者を信頼し、友だちのことも受け入れることができるようになり、また、泣くことが減る一方で、笑顔でいることが増えていきます。あそびを通しての共感的関係づくりを大切にしてきた保育者の日々の保育の積み重ねが、実を結んだ結果と言えるでしょう。

水鉄砲や泥んこあそび、ボディ・ペインティングなど、これらは体全体を使ったあそびであり、子どもたちにとっても目に見えてわかりやすいうえに、体でじかに触れ合って感じることができるという点で、共感的関係が生まれやすい活動であると言えます。「ててに描いていいん?」という子どもの問いかけに対して、「いいよ。手にも足にも服にも描いていいよ」と、子どもたちの自由な発想の広がりをどこまでも受け止めてくれる保育者の言葉。子どもたちのおもしろいと感じる視点を大切にし、そしてその意欲を伸ばすべく、一緒にどこまでも追究していこうとする姿勢が、そこからは感じとれます。

あそびのおもしろさを追究していく中で、子どもたちの発想はどんどん広がり、おもしろさの渦の中に身を投じることによって、集中力もどんどん高まります。保育者も、動物を描こうという当初の予定から思いがけずあそびが広がり、子どもたちが集中して遊び込めたことに驚きのコメントを寄せていますが、このことは、あそびのおもしろさを追究していこうとする保育者の姿勢を、子どもたちがその行動や言葉から感じとり、共有し合っ

た結果ではないでしょうか。

4）絵本・うたでふくらんだイメージがつながって

春の遠足の思い出話で盛り上がる

　9月のはじめごろ、午睡前に遠足の絵本を読んだところ、子どもたちは5月の親子遠足のことを思い出して話しはじめました。「バス1号車に乗ったよな」「お母さんとお弁当食べて、お菓子も食べたんよな」と、楽しかった思い出をうれしそうに教えてくれたので、遠足ごっこを計画してみようと考えました。

あの楽しさをもう一度！

　図書館で「遠足に行こう！」（福尾野歩作詞、才谷梅太郎作曲）という曲を発見。その曲の通りに手づくり紙芝居をつくり、廊下にイスとダンボールでつくった囲いでバスを設定し、部屋にはたくさんの体育遊具を用意し、遊園地のように仕上げました。

　手づくり紙芝居を読んで「バスに乗って遠足に行こう！」と廊下を指さすと、われ先にとイスに腰かけ、はしゃぐ子どもたち。一番前の席にはのりこちゃん。「遠足に行こう♪行こう‼」とまるで本当の遠足のように楽しそうに歌っています。

　「到着〜！　ここは遊園地です！　いってらっしゃい！」と言うと、全員体育遊具に飛

びついて遊びはじめました。しばらくして笛を吹き、「バスの時間ですよ〜。みんな乗ってください」と知らせると、すぐに乗車。「次は、2階に探検に行きますよ〜」「次はおどりの広場に着きましたよ〜」等とくり返して遊び、約1時間の間、大盛り上がりでした。

もっと楽しくするには？

こんなに子どもたちが盛り上がっているのならと、今度は室内ではなく、散歩と合わせて遠足ごっこをしたらもっと楽しいのではないかと考え、リュックと水筒をつくることにしました。紙袋に一人ひとりのマークを貼って、好きな色のひもをつけたリュック、ペットボトルでつくった水筒を部屋に飾っておくと、「遠足いつ？」「これはだれのリュック？」と、子どもたちの遠足ごっこに対する期待も大きくなっていくのがわかりました。

のりこちゃんのやさしさ

リュックと水筒が完成して3日後、お菓子を持っていよいよ遠足（散歩）に出かけます。遠足のうたを歌い、遠足の紙芝居を読み、「今日は、リュックの中にお菓子を入れて遠足に行くよ」と言うと、「やったー！」という歓声。一人ひとりにリュックを手渡し、自分で水筒とお菓子を入れるように知らせました。

すぐにあきらめてしまうひさこちゃんは、水筒を入れる際、「できない」と保育者のそばに持ってきました。それを見たのりこちゃんは、「やってあげる！」とひさこちゃんのリュックに水筒とお菓子を入れてあげました。「ありがとう」と言われて「いいえ」とうれしそうな顔。まわりの声を逃さず聞いて、困った子がいたら手伝おうとする気持ちが生まれてきているのりこちゃんに、目頭が熱くなる思いでした。

笑顔いっぱいの遠足ごっこ

さて、みんなの準備が整い、散歩に出発。散歩のうたや秋のうた、運動会のうたなどを歌いながら、近所の人に出会うと「こんにちは！」と元気よくあいさつ。そして、公園に到着するとすぐ、「あー、のどかわいたからジュース飲もうっと」と言うのりこちゃんの声とともに、みんなで水筒を出して飲むまねをしはじめました。シートを敷き、みんなでお菓子を食べました。ちょうちょが飛び、たんぽぽの綿毛がゆらゆら揺れて、太陽がやさしく照らしてくれている中で、友だち同士の会話も弾み、笑顔がいっぱいの遠足ごっこでした。

　ここでは、保育者と子ども、子ども同士の対話を通して、保育が自分たちの手と力によってつくられ、展開していく様子が生きいきと描かれています。きっかけは遠足についての絵本の読み聞かせでしたが、それが5月の親子遠足の連想へとつながり、その思い出話にみんなで盛り上がるうちに、ついにはバス遠足ごっこへと発展していきます。子どもたちとの楽しいおしゃべりをもとに、保育者の頭の中にもバス遠足ごっこのイメージがどんどんふくらんでいきます。子どもたちの気持ちの盛り上がりに合わせ、どうしたらもっと楽しくなるか、どのように環境を整えていったらよいかを考えながら、次々と準備していきます。

この遠足ごっこも含め、ここまでの実践をふり返ると、絵本からはじまったごっこあそびが多いことに気づきます。ふだんから絵本はどんなふうに読んでいるのかを平井さんにたずねると、「今月はこれ、来月はこれ」という具合に毎月3、4冊の絵本を選んで保育室の中に飾っているのだそうです。そして毎日「どれがいい？」と子どもたちにたずね、読んでいきます。いろんな本をたくさん読むのもよいですが、決まった絵本を集中的にくり返し読むというのもまた楽しいものです。何回も読んでいくうちに、子どもたちの心の中にある共通のイメージがつくられていきます。「友だちと一緒が楽しい」は、そうして友だちとイメージを共有し合い、共感や同調をくり返していく中でかたちづくられていくものと思われます。

　平井さんは次のように述べています。「決まった絵本を何回も読んでいると、もうその1冊が取り合いになるんです。『読みたい！』『読んでー！』って。『読むよー』って言うとみんな一斉に集まって、じーっと聞くんですよね。すっごく集中して。やっぱり、そのくらい1冊の絵本が好きになると、ふだんのあそびからして違うっていうか。絵本の話が活かされるんです。ちょっとしたことで『あ！　あれそうじゃない？』ってすぐ絵本の話に結びつけちゃったり、役になりきって遊んだり、いろいろと展開があるっていうか」。「とにかく絵本を通して、子どもたちの中に何か共通のしっかりしたものが根をはって、それが見たて・つもりあそびや生活のいろんな場面に活かされていくといいなぁっていうのはありました。それは季節ごとに、季節のうたを何回もくり返し歌っていたうたの場合も一緒です」。

　みんなと一緒の楽しいあそびを通して、のりこちゃんの中にもみんな共通のものが根づいていったようです。「みんなと一緒が楽しい」を存分に味わい、ありのままの自分をどんどん発揮し、それが受け入れられる喜びと心地よさの中で、自分の思いだけでなく友だちの思いにも少しずつ目を向け、友だちを受け入れ、ついには友だちを励ましたり手助けしたりもできるようになったのでした。

5）あそびの充実感から生まれる共感的関係

　4月からごっこあそびを通して、のりこちゃんをはじめ、子どもたちのいろいろな変化を目にすることができました。はじめは、見ているだけだった子も興味がなかった子も、回数を重ねていくと楽しそうな雰囲気につられ、「やってみようかな」という意欲が出てきていました。そして、参加するたびにあそびの充実感や満足感が増してきて、ほとんどの子が自分を思いきり出せるようになりました。

　自分を出せるようになってくると、おのずとトラブルも減り、友だちに対するかかわり

も変化してきました。できなかったことは友だちの励ましや手伝いによりできるようになり、困っている子がいたら助けに行ったり、泣いている子がいたら手を差し伸べてやさしい言葉をかけるという姿が、毎日見られるようになっています。

4月当初はクラスのだれも受け入れようとせず、自分の殻に閉じこもっていたのりこちゃん。ごっこあそびをくり返しているうちに、友だちと同じことをして遊ぶ経験を「楽しい!」と感じるようになり、自分を認めてくれているという受容の積み重ねから、おとなを、友だちを信頼することができるようになってきたのだと思います。

　これは11月ごろの記録です。共感的関係を結びやすいごっこあそびを保育の活動の中心にすえて、子どもたち一人ひとりがみんなの中で自分を発揮しながら、「みんなと一緒が楽しい」を感じてもらいたい、そういう思いで保育をつくってきた平井さん。保育者を信頼せず、友だちが近づくことさえも拒み、すぐに手足が出て、口にするのは他を寄せつけない攻撃的な言葉ばかり。その一方で、安心できるおとなとの関係を結べていない強い不安からか、はげしく泣きじゃくることも。そんなのりこちゃんが、みるみるうちに成長し、年を終えるころには、保育者を信頼し、友だちを受け入れ、友だちと一緒に笑い合いながら夢中になって遊ぶ姿が見られるようになりました。のりこちゃんにとっても、保育者にとっても、またクラスのほかの子どもたちにとっても、充実した一年間だったのではないでしょうか。

　ダイナミックなあそびの中で、共に心はずませる子どもたちと保育者の姿が印象的なこの実践ですが、平井さんは年間通しておとな同士の関係にも心を配っていました。

　第1に、保護者との連携です。保護者との連携と言えば、「園では○○ちゃん、こういうことをしていますよ」「こんな話をしていますよ」など相手に情報を伝えることがまず頭に思い浮かびますが、平井さんはこれに加えて、子どもと保育者との信頼関係を指摘しています。たとえば、のりこちゃんの場合、4月当初は「この子、ほんまやりにくいわ」「ほんま嫌だから」「あっち行って」など、母親の否定的な言動が目立っていました。そんな母親に対して保育者は日頃からゆっくりと時間をかけて話をするよう心がけていったのですが、その効果がはっきりとあらわれはじめたのは、母親のほうから「のりこが先生のこと好きって言うんだー」という一言が出てからだそうです。つまり、「わが子が『好き』と言うくらいだから、この先生は信頼するに足るのだろう」というわけなのでしょう。以来、母親は保育者に積極的に話しかけるようになり、「お母さんのこと、のりこちゃんがこういうふうに言っていましたよ」など、母親自身が知らない園でののりこちゃんのかわいい一面を話すと、「ああそう!　そんなん知らんかったわぁー」「まあ、そうなの」とうれしそうな表情を見せてくれるようになりました。また、保育者のほうから「こんなことあったら教えてくださいね」とお願いすると、「あったよー」と教えてくれるようになる

など少しずつ変化が見られていき、母親ののりこちゃんに対する接し方も変化して、のりこちゃんの表情や態度も少しずつ変化していったのだそうです。子どもと保育者との信頼関係をきっかけに、保護者との連携も充実していったケースと言えるでしょう。

　第2に、保育者同士の連携です。やはり手助けしてくれる人、応援してくれる人が園の中にいないと、「こういうことをやりたい」と思っても実現させることができません。とくに、今回のようなダイナミックな実践を展開していくうえでは、保育者同士が「これいいね」「次はこういうことやってみよう」などと自由に話し合える環境や人間関係の存在が大切になってきます。実際、ひなぎく組の4月最初の担任によるクラス会議では、それぞれに新しいクラスでどんなことをしたいかを出し合った時、「散歩とか虫とりとか、とにかく園の外にたくさん連れて行ってあげたいね」「季節のうたを毎月みんなで歌いたいね」「毎月、制作をしてかわいい壁面をつくろうよ」「後期になったらお当番バッジをつくって、お当番活動もちゃんとやっていきたいね」など、「そういった話ってすごく楽しくって、すごく盛り上がって」と平井さんは述べています。その後も、「やっくんはずーっと泣いてるよね」「ハルちゃんはこの前、お母さんにメチャメチャ怒られてるのを見たよ」「アキラくんとヒデくんはすぐに手が出るみたい」など、安定しない子どもたちへの対応や配慮については毎回、そのつど、何度も話し合っていったそうです。

　今回ののりこちゃんの「自我発達の物語」のケースでは、「みんなと一緒」の楽しく心地よいあそびを通して共感的関係を築いていったことが、その変化の大きなポイントであったことは言うまでもありません。しかし、その背景には、保護者や同僚の保育者との確かな連携による、目標や願い、子ども観や発達観の共有がありました。そして、ただそれを共有するだけでなく、子どもを育てること、保育することの楽しさや心地よさをみんなで共有し追究しようとしたところに、この実践のよさはあったのではないでしょうか。

column 8　2歳児クラスで楽しい造形活動
　　　　　　　　　　　　　　　　　　　　　　　　　板庇昌子　京都・一乗寺保育園

●担任同士の話し合いを大切に

　18人（担任3名）のりんごぐみ。自己主張真っ盛りでぶつかり合いも多く、とくに年度当初は環境の変化で不安を出す子もいます。安心できる生活を基本にしながら、みんなが毎日楽しいと思えるあそびをしていきたいと考えました。描画や造形については、年間目標としている「模倣やごっこあそびを楽しみ、見たて・つもりの世界を広げていく」「全身運動・手指の微細な働きを養っていく」の視点から季節感のある壁面制作などを積み重ねつつ、夢中になれるあそびにつながるような「つくって遊べる」ものづくりや、行事にまつわる活動にも子どもたちが主体的に向かっていけるような取り組みもしていきたいと担任同士で話し合いました。

　取り組みにあたっては、一人の保育士のイメージですすめてしまわずに、月案の話し合いの時に、つくるものの大きさや形、色などを検討し合います。人の数だけイメージがあり、互いのアイデアに疑問を感じることもあります。話し合ってこそイメージが共有でき、納得して取り組むことで、子どもたちとより楽しむことができるように思います。また事前に話し合うだけでなく、やりながら発見したこと、もっとこんなふうにしたらなど、終わってからもアイデアを交流します。

●なんか楽しいことをするよ！

　やらされているのでなく子どもが自分で「○○するんだ」と思えるように、「導入」を大事にしています。「なんか楽しいことするよ」という雰囲気をつくり、道具の使い方もしっかり教えます。朝の集まりで話をしますが、実際にする時にも「糊、どの指にちょんてつけるんやったっけ？」と思い出させながら取り組みます。「そうそう、よう聞いてたなあ」などおしゃべりも楽しいです。何かをつくるときにはできるだけ「本物」を見せます。絵の具も、においをかがせたり、「これきれい？」「どう？」などと感想を聞きながら子どもの前でつくったりもします。

●どの子も楽しめるように

　人数は取り組み内容によっても変わってきます。たとえば1歳児クラスのころからやり慣れたシール貼りなら、机3、4台にわかれ、子ども5、6人に保育士が一人ずつつき、クラス全員で一斉に取り組みます。こいのぼりスタンプの時は、落ち着いて取り組めるように3、4人ずつで行ったので、一日で終わらず翌日も取り組みました。

　そして取り組みのあとには、保育士同士で様子を伝え合って次回の参考にします。同じ取り組みでも、高月齢児の担当は「4人でもぜんぜん大丈夫やったでー」と言い、低月齢児の担当は「2人でもけっこう大変やったわ」と言うこともありました。分け方は必ずしも月齢ごととはかぎらず、仲よしで組んだり担当もより落ち着ける保育士にしたりします。

　とにかく生活全般に自己主張真っ盛りの子どもたち。「おしっこ行こうか」や「お片づけだよ」の呼びかけには用意していたかのように「イヤー！」。でも描画や制作の時は、他の時ほどの強い「イヤ」を出さないように思います。「今したくない」「あとで」という

ようなことはありますが。

絵の具が手につくことなどが嫌で苦手な子はいます。プイっと出ていくのではなく遠巻きに避けたり、いざするときに「イヤ」と言ったり。手で触れずにすむよう筆や道具を用意したり、「先生も一緒にしようか？」「先生がやっていいか？」などとやりとりし様子をみながら取り組んでいます。

●**前後の生活・あそびとのつながりも念頭に**

絵の具などで机や床が汚れたら掃除をしないと給食などに移っていけないので、時間配分や動線などもあらかじめ考えておきます。後片づけも取り組みの一部と考えないとなかなか大胆な絵の具あそびに取り組めません。

また一斉にする場合でも、個々でする場合でも、無理に長時間集中させたり待たせたりしないですむよう、園庭やホールでのあそびに柔軟に切り替えられるようにしておきます。

2歳児クラスでは描画・造形活動はだいたい部屋で取り組みます。ローラーを使っての共同画などはブルーシートを敷いて行います。夏などは園庭で絵の具を使うことも多いです。外でする場合はお天気にも左右されるし、他クラスの取り組みとの調整や、プール後に取り組むならパンツのままでいいかなど、考えることはいろいろあります。この夏も、感触あそびを思いきり楽しんで経験したいねと計画しました。絵の具や糊などが手につくのが苦手な子でも平気な感触もあり、楽しめる幅を広げるきっかけにもなりました。

●**つくって遊ぶ・つくって使う**

つくったものは子ども自身がわかるようになるべく早く掲示しています。欠席の子が翌日登園すると壁面の作品に気がつくのが本当に早いのです。友だちの作品を見ると、やりたい気持ちがよりふくらみます。

園ではどうしても共有・共同で使うものが多いので、おもちゃでも数が少ないとトラブルのもとにもなるのですが、自分のものや場所があると安心して遊べるということがあると思います。そこで各自のロッカーに入れる「宝物箱」を用意したところ、そこに自分でつくったものをしまって日々遊んでいる子もいます。

つくるだけでも楽しいのですが、つくって終わりでなく、くしゃ染めした障子紙でお買い物ごっこのカバンにしたり、プールあそび用のパンツを染めたりなど、自分のつくったもので遊ぶということも大事にしています。より創造的になり、集団でも楽しめるからです。うたやおどりも好きな子どもたち。そこでマイクづくりをしたら、早速低い台に立ってマイクを持って音楽に合わせて、2人3人と並んで歌うのが楽しくなりました。日々のあそびを流行らせてみんなでおもしろく遊べたらいいなと思います。

秋になると行事に向けた取り組みも増えますが、追われないで一つひとつ落ち着いて取り組みたいと思います。劇ごっこや劇あそびに使う小道具なども、子どもの手でできるところはつくります。つくって遊ぶという点に意識して取り組むと、造形活動にもその後のあそびや行事にも、より主体的に見通しを持って向かっていけるような気がしています。

● **おもちゃのブロックのスタンプで「こいのぼり」**（4月）
濃いめのカラフルな台紙に映えるように絵の具の色は白、ピンク、黄色、水色など。いつも使っているおもちゃのブロックのスタンプでうろこを表現します。友だちと一緒の色を押していると「一緒やなあ」とニコニコのゆりちゃん。スタンプの3つの丸の形に「しんごう」。そしてまたたけしくんのを見て「一緒やなあ」と本当に一緒であることが楽しいようです。

● **フィルムケースに梱包シートをつけたスタンプで「かたつむり」**（5月）
とてもていねいに、でも力を入れすぎてプチプチ部分がつぶれてしまったようくん。「そぉーっとね」と力を抑えてペタっと押して「みてー」（うまくできたよと言わんばかり）と保育士に見せてうれしそう。たえちゃんが目のところに押すのを見て「おめめするわー」としげくん。たけしくんもお友だちのを見て「たけしくんもー」と同じ色や目にも押しています。自分がするのに必死かと思いきや、友だちのこともよく見ていて自分の作品に取り入れている子どもたち。

● **にじみ絵で「海の生き物で水族館」**（6月）
魚、タコ、いか、エビ、かに、亀などを障子紙に保育士が描いて、子どもたちが水性ペンでなぐりがきし、霧吹きで水を吹きかけてにじませました。子どもが使いやすい小さめの霧吹きを用意。はじめは絵にうまく水がかからなかった子も、やっていくうちに要領がわかりどんどんうまく扱えるようになっていったのは驚きでした。塗り込んだ子のも、点々と描いた子のも、なんとも言えない美しい色に仕上がりました。生き物好きの子どもたち。「しゅんくんのあれやねん」「およいでるなあ」と会話もはずみます。

● **プールパンツ染め**（6月）
「先生な、きのう魔法使いのおばあさんのところに行ってきて魔法の粉買ってきたんやで」という話に聞き入る子どもたち。粉や粉が溶けた液も間近で見せます。順番に自分のマークのついた白いパンツを、りんごぐみにちなんで赤に決めた染液の中にポトンと入れてかきまぜます。全員混ぜたあとには、たらいに向かって「あかくなーれー」とおまじないをかけました。もうすぐはじまるプールあそびではくパンツということで、プールそのものも楽しみになってきたようです。日頃パンツをはくときは「できひーん」と言っていたかずくんは、プールパンツだけは自分ではくようになりました。

● **片栗粉で感触あそび**（8月）
片栗粉はキュキュッとしたりサラサラしたりと小麦粉と違う感触。水を加えるとタラーリ溶けたり固まったり不思議でおもしろい素材です。垂れてくる片栗粉をジーと見ていたり、真剣な表情、うっとりする表情など反応もさまざま。スプーンや空きカップなども使って楽しみました。手につく感触が苦手な子でも粉なら平気でした。

●合わせ絵で「万顔旗」(9月)

運動会に飾る万国旗ならぬ「万顔旗」。毎年恒例の制作ですが、今までやったことのない新鮮な取り組みにしたいということで「合わせ絵」に挑戦。台紙は黒と白。開けた時に「きれい」と思えるように、色の組み合わせや濃さを検討しました。「何すんの?」と興味津々のさきちゃん。広げたときには「ちょうちょみたい!」「もっとするー」と楽しさが伝わってきました。絵の具をたらすのには筆を使うことが多いですが、この時は2歳児でも使いやすいようにスプーンを使いました。筆よりはスプーン1杯というのがわかりやすかったようです。「仮面ライダーみたい」「カエルやでー、目がギロ」「ウルトラマン」「鬼みたい」など、偶然できた形と色にイメージをわかせて次々何かに見たてていきました。

●糊づけで「ぶどう」(9月)

はじめて糊づけ。糊の容器だけでも興味をひかれ、わくわくしているようです。保育士の説明を食い入るように聞く子どもたち。さきちゃんは「いいにおい」とにおいをかいでいます。そばにいた子もかいで「ほんま」「くさー」と盛り上がります。紫系(巨峰)と緑系(ピオーネ)のぶどうの房型の台紙とぶどうのつぶを用意。いちろうくんは3個くらい貼ると保育士に「食べてー」と持ち上げます。あきらくん、たけしくんも「ちょっとやなあ」と糊の量を聞きながら塗っています。所狭しと貼った子は裏にも貼っていくほど。ぶどうもよく知っていて大きさも塗りやすかったのか楽しんで糊づけしていました。

●立体制作「いがぐり」の壁面(11月)

立体的なものということで、球形の発砲スチロールにつまようじを突き刺して「いがぐり」をつくろうと計画。しかし球形に刺すのはむずかしそうです。そこで球を半分に切って机に置いて刺せるようにしました。あとで2つをくっつけ、絵の具で色づけしてできあがりというわけです。まずは本物のいがぐりを見せてイメージをふくらませました。実際には、子どもたちの多くは机には置かず手に持って刺していました。それだけ指の力もついていたのでしょう。ふだんの粘土あそびで棒を刺して遊んでいるので、きっと刺すのに夢中になるだろうと予想していましたが、子どもたちは見たて・つもりを持ってより楽しめるというのが発見でした。たえちゃんは「タコ」「鬼」「かんらんしゃ」と言ってくるくる回しています。他の子も「鬼みたいなつのになったで」「うさぎさん」と話をしながら刺していきます。仕上げは色づけ。絵の具の入ったバケツにいがぐりを入れて、絵の具がつかなかったところを筆でぬるという方法です。茶色と深緑色もしっかり選んでつまようじ部分を回して絵の具をつける子や、「ここ白いよ」と言うと自ら「ここも」と塗っていく子など、子どもたちはむずかしいなりに楽しんで取り組みましたが、刺す前に塗る(時間が必要ですが)、またはもっと絵の具の量があればよかったのかもしれません。

第Ⅲ部

2歳児クラスの保育をどうつくるか

第Ⅲ部では、2歳児クラスの保育をどうつくるかについて、子どもとの対話や保育者相互の対話、日々の記録、およびそれらを通じて学び合い育ち合う保育者集団づくりに焦点をあてて、考察していきます。

　第1章では、子どもとの対話、および保育者相互の対話を通して保育計画がつくられていくプロセスを見ていきます。子どもが現在を「喜び」とともに生き、未来に「希望」を持って生きていくためには、保育者が一人ひとりの子どもを大切にしながら、同時に集団としての育ちも保障するという保育の営みを対話とともに実践していく必要があります。ここでは、あかねの虹保育園の保育計画づくりをもとに、子どもとの対話、および保育者相互の対話の大切さについて考えてみたいと思います。

　第2章では、2歳児保育の中心的な活動であるあそびの中でも、とくに散歩とごっこあそびに焦点をあて、2歳児特有のノリのよさと保育者の個性やひらめきが心地よく響きあう保育の実現において、記録がどのような役割を果たすのかについて見ていきます。あそびにおいて、保育者の個性やひらめきが発揮されることは非常に大切ですが、それがその場かぎりの思いつきや勢いだけで終わらず、継続して発展していくものとするためにはどうしたらよいでしょうか。ここでは、あかねの虹保育園の一年間の保育日誌をもとに考えてみたいと思います。

　第3章では、対話と記録を通して培われてきた園独自の歴史や文化をどのようにして次の世代へと伝えていくか、自分たちの園の保育を自分たちでどのようにつくっていくか、そのためのさまざまな取り組みについて見ていきます。保育園では各種会議や研修などさまざまな対話の場がもたれていますが、そこで保育者が互いに対等な関係で、失敗をおそれずに思ったことや感じたことを自由に言い合えるようにするためにはどうしたらよいでしょうか。ここでは、岡山協立保育園における3つの話し合いの形態、すなわち、事例検討会、学習会、保育観察をとりあげ、学び合い育ち合う保育者集団づくりについて考えてみたいと思います。

第1章
一人ひとりの物語と
クラスの物語が響きあう
保育計画づくり

1　2歳児の特徴をふまえた保育計画とは

　2歳児クラスの保育計画はどのようにしてつくられていくのでしょうか。
　「喜び」や「希望」に向かって生きていく子どもたち。とくに2歳児期は、全身運動や手指の操作をはじめとする運動面の発達や、イメージや言語をはじめとする認識面の発達から得られる「喜び」や「希望」を基盤に、めばえはじめたばかりの自我が豊かにふくらんでいく時期です。そして、そうしてふくらんだ自我がまわりの環境や人と心地よく響きあうことで、さらなる「喜び」や「希望」を得て自我の世界が拡大・充実していきます。
　こうした特徴をふまえると、2歳児クラスにおいては、一人ひとりの自我をふくらませる個々の子どもの保育計画と、自我と自我とがぶつかり合い響きあいながら、それぞれの自我をさらに豊かにふくらませていくクラス全体の保育計画という両方を併せもちつつ、現実の揺れ動く子どもたちに臨機応変に対応して、日々の保育をすすめていく必要があります。
　その際ポイントとなるのが「子どもとの対話」です。表にあらわれる「○○シタイ」という行為の要求はわかりやすいですが、その裏にある「自分を認めてほしい、尊重してほしい」という自我の要求は、ていねいに受

け止めて切り返す「子どもとの対話」を通してはじめて見えてくるものです。「ノリがよい」けれどその時々で「揺れ動く」子どもたちの「気分」をつかむためにも、子どもたちとの対話は不可欠と言えましょう。

加えて、「保育者相互の対話」も重要です。もちろん、担任同士がきちんと連携をとり、同じ方向を向いて保育をすすめていくために、保育者相互の対話が求められるということは言うまでもないですが、それに加えて、多面的な姿を示す２歳児の本当の思いにできるだけ接近するためにも、一人ではなく複数のおとなの目で子どもを見て、互いに考えたことや感じたことを出し合うことが重要となります。

それでは、「子どもとの対話」と「保育者相互の対話」を通して、２歳児クラスの保育計画が実際につくられていく様子を、埼玉県のあかねの虹保育園の例を通してみていきましょう。あかねの虹保育園は、「社会福祉法人さやまが丘保育の会」が運営するあかね保育園と、第Ⅱ部第２章でとりあげたあかねの風保育園に続く３つ目の園として、2011年に開園しました。子どもの足で散歩の途中に互いの園を訪問できるくらいの距離にある３園。虹保育園でも、他２園と同様、周辺の豊かな自然をいかした保育を大切にしています。新園のスタートにあたって、風保育園から虹保育園に異動した長谷川あやさんのお話や記録をもとに、２歳児クラスくるみ組の保育計画づくりの様子を再現してみましょう。

② 対話からはじめる保育計画づくり

１）年間保育計画の柱を決める
「ゆったり」「のんびり」「思いっきりあそぶ」

今年度の２歳児クラスの担任は、保育歴７年目で２歳児クラス担任２回目の長谷川あやさん、保育歴１年目の新人保育士・山本理紗さん、そして

同じく新人で半日のパート勤務の坂口文さんの3名です。

　はじめに、年間のクラス方針についての話し合いを行います。その際手がかりになるのが園の「保育課程」です。あかねの虹保育園を運営する社会福祉法人さやまが丘保育の会では、「みんなでつくる、みんなの保育課程」をめざして、長谷川さんを含め法人の職員全員が目の前の子どもの姿や保育への願いを出し合いながら、一年がかりで3園共通の保育課程を練り上げていきました。そこには2歳児クラスの子どもたちの発達と保育目標について、次のように書かれています。

〈発達の特徴〉
・自我を豊かに拡げ、行動に見通しが持てるようになる。
・大人を仲立ちとしながら、友達と共感したりぶつかり合うなかで友だちの気持ちにも気づいていく。
・自分を大人や友だちに見てほしい、認めてほしいと思うようになる。
・大人のしぐさに興味を持ち、みたて・つもりの世界が始まる。（ごっこ遊びの始まり）
・二語文から多語文へ言葉を獲得していく。
・大人に手伝ってもらいながら、身の回りのことを自分でやろうとする。

〈保育目標〉
・一緒に生活している友達、大人が好きになり、その好きな人と遊ぶ楽しさ、面白さに気づき、共感していく。
・甘えたい気持ちや、自分でやりたい、友達や大人のようにやりたい気持ちを大切にする。
・水・砂・土遊び・散歩をたくさん取り入れ、充分に楽しむ。
・みたて・つもりの世界でたくさん遊び、イメージを膨らませていく。
・言葉を獲得しながら、自分の思いを大人や友だちに伝えようとする。

（社会福祉法人さやまが丘保育の会「保育課程」より抜粋）

　この保育課程をふまえ、生活の流れなども具体的にイメージしながら2歳児クラスの子どもたちの発達と保育の基本を確認したあと、長谷川さんは、「新しい園だし、おとなも子どももあせらず生活できるように、『ゆったり』『のんびり』ということをとにかく大切にしていかない？」と提案しま

す。じつは、長谷川さんは、前勤務園の風保育園でも開園一年目のメンバーとして２歳児保育を担当した経験があります。子どもにとっての「ゆったり」「のんびり」の大切さや、そのためには保育する側のおとなにもそういう気持ちが必要であること、そして、そうした気持ちがあってこそ子どもたちも安心して生活ができることを学んだのだそうです。そんな経験もふまえての提案です。加えて、一日の終わりに「あぁー、今日も保育園は楽しかったなぁ！」と子どもたちに感じてもらえるよう、とにかく思いっきり遊ぶことをもう一つの柱として、次の３歳以上のクラスにつなげていこうということを確認していきました。

その他、保育の理念や目標、育てたい子どもの姿、基本的生活習慣を身につけていくうえで大切にしたいこと、子どもたちに一年間を通して経験させたいあそびや活動などについて話し合い、**資料１**のような年間保育計画ができあがりました。

２）「喜び」と「希望」を育てる保育の構造と保育計画

さて、こうしてできあがった年間保育計画を、本書がこれまでに述べてきた２歳児の発達の姿や目標（めざす子どもの姿）、大切にしたい保育の構造**（下図）**などと照らし合わせ考えてみたいと思います。

図　保育実践を構成する４つの生活・活動の構造

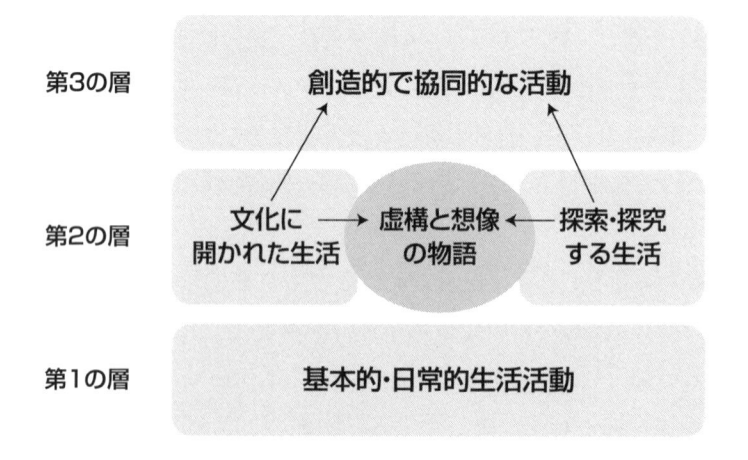

第３の層	創造的で協同的な活動
第２の層	文化に開かれた生活　→　虚構と想像の物語　←　探索・探究する生活
第１の層	基本的・日常的生活活動

改めてくるみ組の年間保育計画を眺めてみると、子どもの中に「喜び」や「希望」を育てることを意識して、そのための生活や経験がきちんと計画の中で押さえられていることに気づかされます。
　とくに、第1の層にあたる「基本的・日常的生活活動」としては、「大切にしたいこと」の中に、「保育者は、子どもとゆったりたっぷり関わり、遊び、生活を一緒に楽しんでいく」「大人がゆったりとした気持ちで、ヤダヤダに付き合い楽しんでいく」「『自分でやりたい』という気持ちを大切にし、ゆとりある時間を保育者が保障する」などとあるように、先ほどクラス方針として挙げられた「ゆったり」「のんびり」が日常の保育での基本姿勢となります。
　また、第2の層にあたる「探索・探究する生活」「文化に開かれた生活」「虚構と想像の物語」としては、もう一つのクラス方針である「とにかく思いっきり遊ぶ」が、この層の充実を担うこととなります。長谷川さんの風保育園時代の実践「ゴリラが住みついた散歩道」(第Ⅱ部第2章)と同様、とにかく年間通して散歩を重視し、豊かな自然を舞台に、心も体も思いきり解放して、ゴリラやおばけやオオカミなど「こわいけど楽しい！」気分やイメージを友だちと一緒にくり返し楽しむことを大切にしています。
　じつは、こうした「散歩重視」の保育は、長谷川さんが担任した2歳児クラスにかぎらず、他クラスでも大切にされていることです。さらに言えば、たとえば、年度途中に行われることになる3園合同のクラス会議でも、散歩コースをめぐる担任同士の情報交換が話題になるなど、同法人運営の3園共通の特徴だと言えそうです。「探索・探究する生活」は、この意味で言うと、日々の保育の中でずいぶん保障されているわけです。
　「文化に開かれた生活」にあたるうたや絵本については、年間保育計画では、「あそび」の項目で「絵本や紙芝居を通して、友達とイメージを共有し、ごっこ遊びを楽しむ」と、比較的あっさりと書かれているだけです。しかし、月案には「うた・手あそび」欄が設けられており、次章で見ていく保育日誌からは、毎日のように絵本が読まれていることがうかがえます。園の玄関にはたくさんの絵本がつまった絵本コーナーが設けられており(→140ページ写真)、絵本を保育に取り入れ楽しむことは、2歳児クラスにかぎらず園全体の文化になっていると言えそうです。
　このように「探索・探究する生活」「文化に開かれた生活」ともに、計画

資料1　2歳児クラスの年間保育計画　　　　　　　　　　あかねの虹保育園くるみ組

保育目標
- 一緒に生活している友達、大人が好きになり、その好きな人と遊ぶ楽しさ、面白さに気づき、共感していく。
- 甘えたい気持ちや、自分でやりたい、友達や大人のようにやりたい気持ちを大切にする。
- 水、砂、土遊び、散歩をたくさん取り入れ、充分に楽しむ。
- みたて、つもりの世界でたくさん遊び、イメージを膨らませていく。
- 言葉を獲得しながら、自分の思いを大人や友達に伝えようとする。

2歳児の姿
- 自我を豊かに拡げ、行動に見通しが持てるようになる。
- 大人を仲立ちとしながら、友達と共感したりぶつかり合うなかで友だちの気持ちにも気づいていく。
- 自分を大人や友だちに見てほしい、認めてほしいと思うようになる。
- 大人のしぐさに興味を持ち、みたて・つもりの世界が始まる。（ごっこ遊びの始まり）
- 二語文から多語文へ言葉を獲得していく。
- 大人に手伝ってもらいながら、身の回りのことを自分でやろうとする。

大切にしたいこと
- 保育者は、子どもに一人の人格ある人間として接していく。
- 保育者は、子どもとゆったりたっぷり関わり、遊び、生活を一緒に楽しんでいく。
- 大人がゆったりとした気持ちで、ヤダヤダに付き合い楽しんでいく。
- 大人は、子どもが出来たこと、発見したことを見逃さずに受け止め、気持ちに寄り添い一緒に共感し、クラスみんなにも伝えていく。
- 大人との関係から子ども同士の関係に発展させ、仲間意識が芽生えるようにする。
- 子どもの行動を保育者が全て促すのではなく、見守り、待つことで、自分で考え、自分で気づく力を育てる。
- ○○したい、なんだってやれるつもりを大人や友達に見てもらい、「自分でできた」ことを自信につなげていく。
- 『自分でやりたい』という気持ちを大切にし、ゆとりのある時間を保育者が保障する。
- ありのままの自分を出せる大人との関係を築いていく。
- ひとりひとりに合った援助の方法を考え、実践していく。
- 園庭遊びや散歩を通し、幼児クラスとの交流を大切にしていく。

基本的生活習慣
　食事・食べる前に石鹸で手を洗う。
　　　・手を洗い、自分のエプロン・おしぼりを選び席に着く。
　　　・フォークとスプーンで食べ、箸に移行していく。
　　　・食後は麦茶を飲み、口の中をきれいにする。
　　　・食前・食後はおしぼりで口や手を拭く（おしぼり、エプロンは自分で片付ける）
　　　・保育者も一緒に楽しい雰囲気で食べながら、嫌いなものでも少しずつ食べられるようにする。
　　　・保育者と一緒に「いただきます」「ごちそうさま」をし、食事の区切りをつける。
　排泄・徐々に排泄後の不快感を言葉で知らせる→徐々に出る前に知らせる。
　　　・個人の状況を見ながらオムツをはずし、パンツに移行していく。
　　　・女児は排泄後、ペーパーを使って拭く。（前から後ろへ）
　　　・男児は立って排尿する。（パンツを脱がなくても排尿できる）
　　　・排便の後は大人に知らせ、拭いてもらう。
　　　・トイレでの排泄後は手洗いをする。
　睡眠・食事の後、ひと遊びしてから、個々の布団に入る。

・落ち着いた雰囲気の中で、保育者がそばについて、安心して眠る。
・午睡後は換気をする。
着脱
・靴を履いたり、脱いだりが自分ででき、戸外遊びの後は靴箱にしまう。
・保育者に手伝ってもらいながら洋服の着替えができる。(ボタンは友達でやりっこしたり、自分でもやってみようとする)
・汚れた衣服をかごにしまう。

清潔
・自分で衣類の汚れに気づき、着替えようとする。
・鼻汁が出たら保育者に知らせ、拭いてもらったり、自分でかもうとする。(保育者が確認する)
・戸外遊びの後、手・足・顔を洗ったり拭いたりしようとする。
・戸外、泥んこ遊びでひどく汚れた時は、シャワーで全身を洗ってもらう。

片付け
・生活の区切りで遊んだものを、保育者や友達と一緒に片付ける。
・楽しみながら、部屋がきれいになることの気持ちよさを伝える。
・これでおしまいにする、という区切りを自分でもつけられるようにする。

健康
・年間を通して水分補給をする。(夏場はこまめに)
・日差しが強い時は帽子をかぶる。
・気候に合わせた衣類を調節し、年間を通して薄着を心掛けて過ごす。
・子どもの健康状態を保護者からよく聞き、きちんと視診する。
・体調の悪そうな時は、体温を測る。
・靴下を脱いで過ごす。
・怪我をしたり、体調の悪い子がいる場合は、園長・主任と相談しながら保育を進めていく。

あそび
〈ねらい〉
・年間を通じて保育者も一緒になって、みたて・つもり遊びを思いっきり楽しみ、その世界を広げていく。
・大人や友達とたくさんあそび、人とのコミュニケーションを豊かにしていく。
・遊びの中で自分を出していく。
・遊ぶことを通して、全身運動を高める。
　　　　　　　　手指の巧緻性を豊かにする。
　　　　　　　　言葉を豊かにし、自分を表現する。
・四季折々の自然に出会い、その季節にしかできないあそびを通して、感性を豊かにする。

〈あそびのすすめかた〉
・大人が仲立ちとなりながら遊びの中で、友達関係を広げていく。
・保育者や友達と一緒に全身を使いながら、動きの大きい遊びや散歩などを繰り返し楽しむ。
・みたて・つもり遊びをたくさん取り入れ、クラス全体で楽しさを共有する。
・追いかけっこ・くすぐり・かくれんぼ遊びをたくさん取り入れ、ワクワク・ドキドキを楽しむ。
・安心できる雰囲気の中、ふれあい遊びを取り入れ気持ちよく過ごす。
・指先を使っての遊びを楽しむ。(手遊び・粘土・折り紙・ハサミなど)
・泥んこや水遊びを重ね、プールで心と身体を開放させて遊ぶ。
・絵本や紙芝居を通して、友達とイメージを共有し、ごっこ遊びを楽しむ。
・好きな友達(少人数)とごっこ遊び(生活再現遊び)を楽しむ。

保護者との関わり
・大人同士が協力しあって、共育て、共育ちを喜び合えるものにしていき、大人にとっても安心できる居場所をつくっていく。

懇談会日程(略)

文書上ではとくに強調されているわけではありませんが、あかねの虹保育園ではそれらは日々の生活の中のごく当たり前の営みとして深く浸透しています。この2つの生活における喜びや楽しさが子どもの中で心地よく溶け合い、「虚構と想像の物語」を紡ぎ出していく中で、2歳児特有の「ノリのよさ」が大いに発揮されていくわけですが、重要なことは、そこで保育者が常に子ども同士を仲立ちし、両者をつなぐ役割を果たそうと心がけている点です。

　これは第3の層である「自我発達の物語」ともかかわってくるのですが、2歳児クラスでは、ふくらんでくる互いの自我と自我をぶつけ合うわけですから、トラブルは絶えません。保育者としては、まさに先ほどのクラス方針に見られるように、「ゆったり」「のんびり」構えて、受け止めては切り返すをていねいに根気よく積み重ねていくより他ないのですが、その一方で、2歳児独特の「ノリのよさ」にも目を向けて、あそびを基点としながら「友だちと一緒」の楽しいイメージや気分を思いきり味わうということも大切になります。そうして、友だちとの心地よいあそびを通して、異なる思いを持った子どもたち一人ひとりをつなぎ合わせ、集団的活動の楽しさの渦の中で、一人ひとりの自我の育ちをも支えていくのです。あかねの虹保育園の保育計画は、そのあたりを十分に押さえた内容であると言えるでしょう。

玄関を入ってすぐのところにある絵本コーナー

3）子どももおとなも「ゆったり」「のんびり」の生活をつくる
　　一人ひとりの物語を支える個別の保育計画

　次に、保育計画立案後の計画と実践との関係を見ていくことにしましょう。日々の計画づくりの軸となるクラス会議では、月3回、午睡時間のうちの1時間を目いっぱい使って、日々の子どもたちの様子で気になること、今保育をしながら困っていることや悩んでいることを出し合います。たとえば、こんな具合です。

長谷川「最近、ゆうじくん、落ち着かないことが多くない？」
坂口　「そうですね、そういえば……。なんだか友だちに手を出すことも多くなりましたし……」
山本　「今、ゆうじくんはもしかすると『みんなで遊ぶ』というより、とにかく『自分だけを見てほしい』『受け止めてほしい』という気持ちのほうが強いのかもしれませんね」
長谷川「うん、そうかもしれないね。とすると、朝の他の子がまだ登園していない時間帯とかに、ゆうじくんと一対一でじっくり、たっぷりかかわる時間をつくっていったほうがよいかも。坂口先生はどう思う？」
坂口　「そうですね、私もそうしたほうがよいと思います。あと、ゆうじくんは最近、友だちにわざと嫌がられるようなことをして、怒られることが多くなりましたよね。ああした行動に対してはどう対処していけばよいと思いますか？」
長谷川「そうね。本当に危ないことをした時には、やっぱりきちんと伝えなければいけないけど、それ以外の時にはあえて目をつぶって、今はとにかくゆうじくんの気持ちを『受け止める』ってことを第一に考えていったほうがよいかもしれないね」

　このように、気になる子どもの最近の姿を出し合うことで、その子が今どのような状態にあって、何を求めているのかが見えてきます。「子どもとの対話」というと、それはまさに現実の子どもを目の前にしての具体的な

言葉を通してのやりとりを思い浮かべるかもしれませんが、それだけではありません。このようにクラス会議という場で、保育者相互に日々の子どもの姿や保育について思ったことや感じたことを出し合い、そこを出発点に、その時その瞬間に子どもが示していた本当の思いとはなんだったのか、そこに思いをはせることも「子どもとの対話」の一部と言えます。

こうした対話を通して得られた子ども理解にもとづいて、その子に対する今後のかかわり方について考え、月案上の「個別の働きかけ・反省」欄に記載し、互いにその認識を共有し合います。クラス会議のあとも「今日、ゆうじくんどうだった？」と常に子どもの姿を確認し合うなど、保育者相互の対話の機会は、日々の保育の中でよりいっそう意識して子どもを見ることのきっかけにもなるわけです。

つまりここでは、クラス全体の計画の検討やふり返りも行われますが、どちらかというと、子どもたち一人ひとりが、おとなとの信頼関係を基盤に心地よく生活し、安心して自分の思いが出せることを保障していくための、個々の子どもの保育計画にかかわる対話がメインといえそうです。

たとえば、排泄の自立に関しては個別の配慮が必要なので、一人ひとりの発達段階を見きわめ、それに応じて声かけのしかたも検討します。こうした、おもに生活面における個別の配慮は、クラス全体の生活のすすめ方にも連動します。「今、子どもたちの中には『自分で洋服を選んで着替えよう』という姿が見られてきているから、着替えの時間を多くとろう」とか、「そのためには、10時30分に外から保育室にあがるようにしていこう」など、担任同士の連携も含め、具体的に確認し合います。

こうした話し合いを経て書かれるのが、**資料2**にみるような月案です。このうち、「経緯・反省」はその月が終わった時点で書き、「個別の働きかけ・反省」は月の途中で書くようにしています。その他の項目は、前月末に書くようにしています。とくに「個別の働きかけ・反省」については、クラス会議以外の日も午睡時間を使って、一人ひとりの子どもの様子について担任同士で十分に話し合いをしたうえで、全員分を書くようにしています。はじめに「クラス会議は月3回」と述べましたが、こうした会議以外の話し合いも含めると、ほぼ毎日のように担任同士で子どもの話をしていることになります。この豊富な対話量が、日常の保育を支えているといっても言いすぎではないでしょう。

資料2　2歳児クラスの月案

あかねの虹保育園くるみ組

月案　12月　　園長印 牧　主任印 奥寺　担任印 山本

主な働きかけ・ねらい

・遊びだしたことを満足するまで続け、次のあそびや生活に移行していく。（2グループくらいに分かれる）
・遊んだあとは、おとなと一緒に片づけをして、気持ちよくなる。靴や上着も自分で片づけられるようにしていく。

基本的生活習慣

食事—楽しい雰囲気の中で食事をする。子どもたちが落ち着いて食べられるようおとなが環境を整える。先に準備できたテーブルから食べはじめる。
排泄—生活の区切りでトイレに行く。パンツに移行していく。（れおん・しおり・はやお・ゆきお）
着脱（清潔管理）—汚れている衣服や手足をきれいにする。

乳児交流保育

おとな同士が声をかけあい連携していく。

あそび	環境づくり・おもちゃ	経緯・反省
園庭—ままごとあそび　ごっこあそび　（おいかけあそび）　（トントン何の音？） 室内—ごっこあそび　ブロックあそび（ままごと、乗り物、おふろやさん、かくれんぼ） 散歩—近場散歩（雑木林）	・クリスマスの壁面づくり **うた・手あそび** ・あわてんぼうのサンタクロース ・ジングルベル	・2グループなどに分かれて遊ぶことで、個々のあそびが満足してから、次のあそびや生活に、切り替えるようになってきた。 ・パンツ移行児が増えてきている。 ・食事、午睡時の甘えが強く出ている。 ・あそびの合う友だち2〜3人で遊ぶ姿が出ている。

個別の働きかけ・反省

ゆうじ—ゆうじの「ヤダ」「ダメ」が出ている。欲しかった思いや、貸してもらえなかった思いを受け止めていく。
ちほ—朝の受け入れをていねいにし、ちほの甘えを受け止めていく。すっきりと過ごせるように、あそびに誘っていく。
こうしろう—いっぱい話そうとすると吃音になる。おとながゆっくりと対話をする。
しおり・れおん—食事が楽しくできるように、おとながそばにいる。
ゆかり—物の取り合いになった時に、おとなと一緒に気持ちを伝えていく。
たく—たくが好きなあそびをおとなと一緒に遊んでいく。
じゅん—言葉で気持ちを伝えられるようになってきているので、引き続き、おとなと一緒に相手に思いを伝える。
ゆら—おとなや友だちと一緒に遊ぶ場をたくさんつくる。
あゆみ—一人あそびが多い。おとなが加わり、共感、共有を深めていく。
はやお—パンツに移行していく。トイレに誘っていく。
ゆきお—登園が遅く、母親との別れも長引く。ゆきおの好きなあそびを見つけられるようにおとなが誘っていく。パンツに移行していく。
しゅうじ—友だちとかかわって、あそびのおもしろさを深めていく。

こうして一人ひとりの子どもについてじっくりとていねいに対話を積み重ね、「ゆったり」「のんびり」を基本方針として日々の子どもとの生活をつくっていくことで、一人ひとりが落ち着いて安心して生活できるようになります。その中で、子どもの心の中に「ゆとり」のようなものが生まれ、「まわりの環境や人と心地よく対話したい」という次への意欲をもたらし、そのことが集団としての落ち着きや安心へとつながっていきます。

　このことは、第Ⅱ部の各実践でも共通して確認された点であり、この年のあかねの虹保育園のような、開園一年目で担任３人のうち経験者は長谷川さん一人だけでスタートするという、いわば「特殊な」状況にかぎらず、他の条件における２歳児クラスでも、同様に不可欠になってくるのではないでしょうか。

４）散歩を基本にワクワクドキドキの楽しいあそびをつくる
クラスの物語を支える計画

　日々の生活が安定してくると、子どもはあそびに目を向けるようになります。もちろん、この生活からあそびへという方向性は常に決まったものではなく、あそびの充実感がときに生活の安定をもたらしたり、自我と自我とのぶつかり合いをひととき忘れさせてくれたりなど、逆の方向性もあります。いずれにしても、くるみ組では「子どもととにかく思いきり遊ぶ」をクラス方針に掲げているように、２歳児クラスの保育において、あそびが中心的な位置を占めることはいまさら言うまでもありません。

　この点に関連して、先にも述べたように、あかねの虹保育園では、年間通してくり返し散歩に出かけることを大切にしています。園の周辺には、森や雑木林、原っぱ、川、田畑など、豊かな自然が広がっています。車通りも少なく、散歩に出かけるにはもってこいの環境です。水や土・砂をはじめ、草むらや穴ぼこ、枝や落ち葉、木の実や虫など、さまざまな環境や自然物と出会うことができます。子どもたちは自由に走り回り、跳びはね、転げ落ち、声をあげて笑い合い、そうして心も体も解放していきます。

　朝の受け入れ時点ではどうしようもなくグズグズだったり、落ち着かな

かった子どもが、散歩に出かけた途端に元気になり、落ち着いた姿を見せたり、普段はあまり目立つことのない子の意外な一面が垣間見られるなど、一人ひとりに目を向けても、散歩ではいろんなうれしい発見があります。しかし、それ以上にうれしい発見として、普段は別々に活動して、クラス全体としてのまとまった活動はなかなかむずかしい子どもたちが、いざ散歩に出かけると、喜び勇んで友だちと手をつなぎ、同じイメージや気分を共有して、ごっこの世界をふくらませて、「友だちと一緒が楽しい」を思いきり満喫する姿が見られるからです。もちろん、その中でも一人で自分の好きなところへ向かって歩きたい子や、体力がなくてすぐに「だっこー」となる子、ちょっとしたきっかけで気持ちが崩れてしまう子もいますが、それでも全体としては楽しい活動であることにちがいありません。

　散歩の予定は、保育者の勤務表が明らかになり、週案を書いていく段階で一応決めておき、実際にはその日の朝になって、天気や子どもの体調、子どもの希望やノリ具合などふまえて決定していきます。どの方向に、どこを目指して、どのくらいの距離をといったことは、それこそ子どもとの対話にもとづいて柔軟に変更していきます。一日ごとに見ると変更の多い週案ですが、一定期間を通してみると、年間計画で決めた方針と保育者相互の対話が、日々の保育計画の確かな根拠となっていることがわかります。

5）保育者のひらめきと子どもの思いが響きあう保育

　その一方で、保育者個人の個性やひらめきがあらわれる場面もあります。たとえば、散歩に出かけた先で、どのようなイメージや気分を子どもたちとの間で共有するかとか、何に目をつけてどのように展開していくかなどは、事前の計画を超えた即興性にもとづくものがほとんどで、保育者自身の個性やひらめきが発揮されることが多いようです。風保育園時代の実践「ゴリラが住みついた散歩道」（第Ⅱ部第2章）でもそうでしたが、虹保育園くるみ組でも、たいていの場合、火つけ役は長谷川さんです。後の第Ⅲ部第2章で登場するおばけやオオカミにしても、いずれも長谷川さんが散歩に行った先の子どもたちとのやりとりの中で目をつけてふくらませて

いった、想像上の生き物や人物たちです。

　毎日の保育日誌を見てみると、長谷川さんは身ぶりや手ぶり、言葉や表情、しぐさをじつに多様に駆使して、子どもたちにリアリティを感じさせる工夫をされていることに気づかされます。たとえば、子どもたちと園内探検に出かけると、ちょっとした暗闇や密閉された場所を見つけては、「あれ……？　もしかして……」とやりはじめます。いかにも不安そうな表情や、こわいものを避けようと体をすくませる身ぶり、緊張感を高める絶妙な間、ときに想像上の生き物や人物になりきっての声色……。こうした、いわば劇的な表現は、経験による部分ももちろんありますが、その人の個性やひらめきによるところがかなり大きいでしょう。

　そして、この保育者としてのその人の個性やひらめきは、子どもとの確かな対話の中にあってこそ、輝きを放ちます。第Ⅱ部第2章の「ゴリラ」の実践が、生きいきと躍動して見えるのは、そうした理由によるのではないでしょうか。

　保育者は保育計画をしっかりと頭の中に入れたうえで、実践を展開していく必要があります。しかしその一方で、計画を超えた即興性や偶然性にこそ保育・教育の醍醐味があるというのもまた事実です。あまり事前の計画にこだわりすぎてしまうと、それは子どもにとっても保育者にとっても、居心地の悪いものとなってしまうでしょう。保育者一人ひとりの個性やひらめきが、子どもの思いと響きあうとき、生きいきとした「計画と実践のダイナミズム」が生まれるのではないでしょうか。次章ではこのプロセスを、「保育日誌」からよりくわしく見ていくことにしましょう。

第2章
書き続けることで
わかること・
変わること

① 保育計画の中の「あそび」

　前章では、2歳児保育の計画づくりの話し合いを見てきましたが、そこでの中心的な議題は、食事や睡眠、排泄など生活面にかかわることでした。散歩などの探索・探究する活動、うたや絵本などの文化と親しむ活動、そして両者の出会いによって生じるごっこあそびなどの虚構や想像を楽しむ活動は、こうした話し合いの場に登場することは、比較的少ないようです。これも当然と言えば当然のことかもしれません。何しろ食事や睡眠、排泄などは毎日くり返されることであり、子どもの発達に合わせて活動内容や保育者の働きかけ方も常に見直しが迫られます。その子の月齢や生育状況や経験や興味・関心の差によっても、その活動内容や働きかけ方も大きく異なりますし、そのことを保育者は対話の中で他の保育者とよく共有し、計画し、実践していかなくてはなりません。

　他方、あそびはというと、生活面と同様に、月齢や生育状況、経験や興味・関心の差によって活動の深まりや広がり具合も異なり、それに応じて活動内容や働きかけ方の修正も迫られることになりますが、どうにもやはり、生活面ほどには議論の中心に上ってこないのです。もちろん、普段の会話の中では、「あのあそび、楽しかったねぇ」という話はさんざんしてい

ると思いますが、こと計画に関しては、あまり話題に上らないというのが実状ではないでしょうか。

　思うに、これはあそび、とくにごっこあそびが本質的に持つ特性によるところが大きいのではないでしょうか。発達心理学者の加用文男さんは、「ごっこ遊びの本質は気分である」（加用、1994）と述べています。そうなのです。ごっこあそびの本質は気分なのです。ですから、保育者たちは計画の立案にあたって、「あのときのあそびは本当に楽しかったね」「うん。あの子の表情がもう本当に傑作で」「じゃあ、あれ、もう1回してみる？　今度はもう少し深まると思うから」「うん、そうね」という話はするのですが、具体的にどう展開しようかという話はあまりしないのです。

　もちろん、どのような展開になっても大丈夫なように、あらかじめ結果のバリエーションを想定して、環境設定や準備などはするのですが、どう広がるか深まるかといった展開の行方は、その日の子どもの気分にゆだねられることがじつに多いのではないでしょうか。また、計画に書き込む際にも問題が生じます。生活面の場合は、ポイントを押さえる書き方でよいのですが、あそびの場合にはなかなかそうもいきません。「あのときのあの興奮よ、もう一度！」という熱い思いでいざ書き込もうとしても、そのときの気分を言葉にして書き込むことは非常に困難で、結果的に計画の中にはあそびの本質である気分が書き込まれず、あそびのタイトルだけが書き込まれるといったことが多いように思います。

　では、そうしたあそびの気分についてもきちんと討議し、ふり返り、計画と実践の中に反映させていくにはどうしたらよいでしょうか。じつはこの手のあそびの計画と実践のふり返りにおいて重要な役割を果たすのが、保育日誌なのです。実際、保護者向けに発信される「クラスだより」など、そのほとんどは生活面よりもあそび面の記事が多くを占めていますが、そのネタ元となっているのが保育日誌です。

　保育日誌は多くの場合、午睡の時間を利用して、担任同士がその日の子どもの様子をふり返って書かれていきます。会話だけだとどうしても、後にふり返ってみても漠然とした楽しい記憶しか残っていないとか、印象的なハプニングのエピソードしか残っていないということが起こりがちです。毎日書き続けられ、しかも、そこにどのような気分がともなっていたかも同時に書きとめることができる保育日誌であれば、そうしたことを避ける

ことができます。そして、以前行ったあそびにもう一度取り組むときにも、その時の保育日誌をもとに、ふり返って議論することができますし、以前と今での子どもの発達要求の違いにも目を向けながら、「今度はこんなふうに展開しよう」といった議論も行うことができます。

　このように保育日誌は、計画と実践のふり返りの話し合いにおいて比較的見過ごされがちなあそびについて取り組むときに、非常に重要なツールとなりますし、あそびの中での「子どもとの対話」をさらに深めることにもつながります。印象に残る出来事があったときだけではなく、毎日書き続けることで、新たなあそびの実践創造に向けてのヒントも得られるのではないでしょうか。

　以上のことから、ここでは2歳児保育の中心的な活動としてのあそびの中でも、散歩とごっこあそびに注目し、計画と実践の展開過程において、保育日誌がどのような役割を果たすのかについて見ていきたいと思います。保育日誌を提供してくれたのは、第1章でも登場したあかねの虹保育園の2歳児クラスくるみ組の長谷川あやさんと山本理紗さん、年度後半から担任に加わった主任の奥寺アサ子さんです。乳幼児合同保育となる土曜日の日誌の一部と日曜祝日を除いた、全250日分の保育日誌が資料となります。

❷ 散歩とごっこあそびを楽しんだ一年を支えた保育日誌

1）とにかくできるだけ散歩に出かける

　第1章でも述べたように、くるみ組では、一日の終わりに「今日も保育園は楽しかった」と子どもたちに感じてもらえるように、あそびや生活を思いっきり楽しんでいくことをクラスの方針としています。そして、そのための一つの取り組みとして、散歩をかなり積極的に取り入れています。

表 あかねの虹保育園2歳児クラスくるみ組の保育日誌の月別記録日数と散歩日数

月	4月	5月	6月	7月	8月	9月
記録日数	22	21	21	20	23	21
散歩日数	2	6	6	2	9	8

10月	11月	12月	1月	2月	3月	計
20	20	21	21	21	19	250
11	10	11	11	14	12	102

　250日分の日誌のうち、園外に散歩に出かけたという記録は全部で102日。平均で2～3日に1回は散歩に出たという計算になります。これは幸運にも周辺を豊かな自然に恵まれたあかねの虹保育園ならではとも言えますが、それにしてもすごい数字です。もちろん、出かける回数は月ごとで異なっています。**上表**は、月ごとの日誌に記録された散歩回数を示したものですが、少しずつ園の生活に慣れてきた4・5月ごろから、水あそびや土・砂あそびを中心に過ごした6・7月を経て、8月以降、ずいぶん散歩の回数が増えていることがわかります。

　散歩において、子どもたちは友だちや保育者とともに森や林や川べりの道を歩き、季節ごとの光や風や香りを肌で感じていきます。行く先々でさまざまな人と出会い、草花や生き物、土や水に触れ、原っぱや道を走り回ります。自然の中で心も体も解放させながら、子どもたちはまわりのモノやコトに目を向け、耳を傾け、体全体で感じていきます。

　こうした豊かな自然を舞台にしながら、くるみ組では、「こわいけど楽しい」世界をイメージし、友だちと一緒にワクワクドキドキの感情をたっぷり味わう体験を大切にしています。目に見えないものに興味・関心の目を向け、友だち同士でイメージを豊かにふくらませながら、ともに楽しく共有し合うことを大切にしているのです。

　以下では、くるみ組で行われている散歩とごっこあそびの実践を年間通してふり返っていきながら、計画と実践の展開過程における保育日誌の役割についてともに考えてみましょう。

2)「少人数」の楽しさから「クラス全体」の楽しさへ

4月19日（火）　室内あそび
　雨のため、室内で過ごす。ままごとコーナーであそびもとても落ち着いた雰囲気だった。広告で棒をつくり、「探検に行こう！」と出発。坂口先生におばけになってもらい、やりとりを楽しむ。みんな棒を持ち、興味津々で各部屋探検を楽しむ。「なんか怪しくない？」のおとなの声でみんな「こわーい」とこわがるが、その世界に入り込み、楽しみ、盛り上がっている。こわいけど楽しい……イメージ、想像の世界で１年間思いきり楽しんでいきたい。

　長谷川さんは、第Ⅱ部第２章で紹介した「ゴリラが住みついた散歩道」で、すでに「こわいけど楽しい」世界を２歳児と楽しんでいます。その経験をふまえて、この４月の日誌では「こわいけど楽しい」世界を年間通してクラスみんなで楽しんでいこうという決意を表明しています。この後、長谷川さんが長期の休みに入った間も、新人の山本さんが同じように「こわいけど楽しい」やりとりを子どもとの間でくり返したことからもわかるように、この決意は長谷川さん一人のものではなく、おそらく担任間で話し合い、年間を通して中心的に取り組む活動にするということで合意したものと思われます。
　４月のこうした決意表明の後、５月には室内あそびを中心に、少人数ながらも、おばけやオオカミなどこわいものをイメージしてのあそびがはじまります。たとえば、５月の日誌には次のように書かれています。

5月2日（月）　室内あそび
　ゆかりがオオカミになりきってみんなをガオーッと追いかける様子も見られた。普段の先生の様子をまねしてオオカミになったつもり、食べられそうになるつもり、それぞれの役になりきってあそびを楽しむことができてきた。全員ではないが、少人数であそびの世界を広げていき、くるみ組全体でも遊べる雰囲気にしていきたい。

5月7日（土）　室内あそび（乳幼児合同保育）
　暗いトイレにおばけがいると見たてて、「行ってみよう！　おばけがいたらパンチでやっつけよう」と言うと、ともは「ともはオーズのパンチにする」とオーズになりきっておばけをやっつけようとする。まゆみは先生の後ろに隠れ、「こわーい」と言いながらも、時に自分が「おばけいたね！　手があった！」とつもりの世界を広げることでみんなをこわがらせる場面もあった。ゆかりやたくはおばけや暗いのがこわいのか、「イヤだー」「いかない、あっちよー」とこわがる姿も見られ、見えないもののこわさを感じながらも楽しんでいた。たくやあゆみは保育者に抱っこされながらも、積み木や絵本をゆったりと楽しんだ。

　この日は土曜日で異年齢保育。保育者の言葉にのってきたのは4歳児クラスのともくんとまゆみちゃんだけで、2歳児クラスのゆかりちゃん、たくくん、あゆみちゃんの3人はまだこわがっています。保育者はそのことを子どものありのままの姿として受け止めて、それぞれに個性豊かな子どもたちがいつでもその世界に入っていけるよう、子どもの様子をよく見ながら、かかわっている様子がうかがえます。
　また、おばけやオオカミは子どもたちにとってこわい存在ですが、そのこわい存在も、みんなで勇気をふりしぼればやっつけることができます。5月24日（火）の日誌には、「今日も雨のため、室内で遊ぶ。（中略）おしいれの中に長谷川がひきこまれ、『ねずみばあさん』のやりとりも楽しみ、ドキドキワクワクで盛り上がった。こわいけど……みんなでアーンパンチしてやっつけた」とあります。こわがりながらも最後はみんなでやっつけるという経験を積み重ねることで、少しずつこわさを克服し、楽しめるようになってきているようです。
　「クラス全体ではなく、まずは少人数で」というかかわりは、この後も5月から7月にかけて、室内でのままごとあそびや粘土あそび、園庭での砂場あそびやプールあそびなど、さまざまな活動の場面で見られます。とにかくこの時期は、子どもたちもまだ新しい生活や環境に少しずつ慣れていっている時期なので、一人ひとりが自らの好きなあそびにじっくりと向き合い、たっぷりと楽しむ経験を積み重ねることを重視しています。そして、一つでも好きなあそびの充実が得られると、子どもはそれを基点とし

て友だちとかかわり、関係を広げていけるものです。また、明確に参加はしていなくても、ともに同じ場を共有することで所属意識がめばえ、同調欲求の高まりから、少しずつ友だち同士のつながりが生じてくるものです。「少人数からクラス全体へ」という方針は、担任間でのそうした子ども理解の合意にもとづいた配慮であると読み取ることができるでしょう。

　保育者のこうした配慮がさまざまな活動を通して貫かれていることは、日誌でふり返るとよくわかります。そして、その成果が子どもたちの中に少しずつあらわれていることも、毎日書き続けることではじめて確認できます。また、日誌の中に子どもたちの姿を気分も含めて生きいきと描くことで、その時その場での子どもたちの様子がよりわかりやすく伝わってきます。さらには、生活やあそびの各局面において保育者同士の連携がうまく図られているかどうかも、日誌からあわせて読み取ることができます。このように日誌は、子どもとの対話や保育者相互の対話を支える役割を果たしていると言えるでしょう。

3）「自分」のイメージから「自分たち」のイメージへ

　園内の身近なところで「こわいけど楽しい」世界を味わった4月、5月を経て、6月になると今度はその楽しさをもっと広げていこうと園外へと足を延ばしていきます。外の世界は子どもたちにとってまだまだ謎がいっぱいであり、そのため、目に見えないこわさもよりいっそう強まります。6月の日誌には次のように書かれています。

6月3日（金）　散歩
　近くの古い小屋をめめめんたまのお家として、また行ってみようかと駐車場を抜けてみんなで散歩に行く。友だちと手をつないで歩こうねと声をかけると、じゅんは「ゆかりちゃんつなごう」と自分からゆかりに話しかける姿や、保育者が「はやちゃんは〇〇ちゃんとつなごうか」と声をかけると友だちを見つけ手をつなぐ姿が見られるようになってきた。
　「小屋をトントンしてみようか」の声かけには、小屋をこわがり、自分か

ら行こうとしなかったが、ゆきおが「トントンする」と一番にトントンしていた。その姿を見て、こわいが少しがんばって、ちほやじゅんがトントンしてみる。途中、ゆきおとあや先生が隠れ、ゆきおの赤い服がなくなってしまうと、「本当にめめめんたまがいた！」と子どもたちが思ったのか、とてもびっくりしていた。たくは大泣きしていたが、みんなで楽しむことができた。帰り道はゆきおの服が空から落ちてきて、めめめんたまに「ありがとう」と言う子どもたちだ。ふきの葉を「トトロのかさ」にしてみんなで写真を撮ったり、さまざまな楽しみを味わった。

6月10日（金）　園内探検〜散歩

ゆうじがホールで鍵のおもちゃを見つけたことから、「どこが開くのかなー」と園内の探検がはじまる。「ここも開かない」「ここも開かない」といろんな部屋を探検しながら、子どもたちもドキドキしながら部屋を回る。

「もしかしたらめめめんたまのお家の鍵かな？」と鍵から散歩へとつなげていく。「手をつなごう」と言うと、自分からあゆみが友だちに手を出したり、つないでない友だちを探して手をつなぐ姿も見られる。オニの角かもしれない木や、オニのお風呂で「オニって大きいね！」とイメージをふくらませたり、めめめんたまの家では「鍵をあげるとこわい！」というイメージを楽しんだりした。

あや先生が戸を開けようとすると「こわーい！　だっこ」とゆかりやしおり、「開けちゃダメー！」とちほだ。たく、ゆうじも見えないめめめんたまの世界をこわがりながらも、みんなと手をつなぐことで、「大丈夫なんだ」と感じながら楽しんだ。じゅんは、以前にトトロの葉っぱをかさにしていたのを覚えていて、「トトロのとこ行きたいー！」と言っていた。帰りはふきの葉をかさにしたり、タケコプターにしてビューンとして楽しむ。

このころには、子どもたちも散歩を何度か経験し、友だちと手をつないで歩く楽しさ、自然の中で追いかけっこしたりかくれんぼしたりする楽しさ、木の切り株や葉っぱなど自然物を別の何かに見たてて遊ぶ楽しさなどもすでにたっぷりと味わっています。そうして少しずつ散歩にも慣れてきた中で、保育者は「こわいけど楽しい」世界を広げていきます。

「めめめんたま」とは、紙芝居に登場するおばけのことです（西郷竹彦原

書き続けることでわかること・変わること ●第2章

作、樋口智子絵、松岡節脚色、ひかりのくに）。くるみ組の子どもたちは5月下旬のお楽しみ会で、はじめてそのおばけに出会いました。めめめんたまは赤いものが大好きで、消防車や子どもの赤い服など赤いものはすべてとってしまう、目に見えないこわい存在です。

　紙芝居を見た翌日、散歩に出かけた先で見かけた古い小屋を指さして、「あれ、めめめんたまのお家じゃない？」と言ったのは長谷川さん。わかる子にはピンッとイメージがつながって、わからない子も「なんだかこわい」という感じは伝わって、その日からみんなの中でその小屋は「めめめんたまのお家」ということになったと言います。

　最初の出会いである5月26日（土）の日誌には、「途中、めめめんたまのお家を発見し、みんなでキャーと逃げる」とだけあります。最初はとくにあて所もない偶然の思いつきだったのでしょう。しかし、このめめめんたまのイメージは強烈で、その後一年間、ことあるごとに子どもたちの前に登場することになります。このあたりは、保育者による即興的な実践の妙を感じさせる部分ではありますが、まったく無計画な先の見通しのない実

くるみ組おなじみのお散歩コースを模造紙にかいて保育室にはっておいたところ、お昼ご飯を食べている時など、マップを指さしながら、その日の散歩での出来事や、今度はあっちへ行ってみようなどという話で盛り上がった。保護者や他の職員にも、こんな遠くまで行っているんだと話題に。

践であったかと言えば、おそらくそんなことはないはずです。子どもたちとあそびや生活を目いっぱい楽しみたい、そのためにこわいものを想像して、イメージをみんなで共有して、こわい気分や雰囲気を楽しむ、このことが子どもたちのあそびや生活を豊かにするにちがいない、そんな保育者の確信があったことは想像に難くありません。

さて、このように見ていくと、いかにも「ノリがよい」2歳児のパワー全開といった趣ですが、そこはまだ経験不足の2歳児。気分や勢いや雰囲気は伝わっても、一人ひとりのイメージがすぐさまみんなにピピピッと伝わって、ごっこあそびがスムーズに展開……など、そうそうあることではありません。おとなが仲立ちとなって遊び方の手本を見せたり、友だち同士をつなげるなど、「自分」のイメージから「自分たち」のイメージへと、友だちと共有し楽しむ範囲を少しずつ広げていくための援助・介入の工夫がこの時期はさかんに行われています。

6月16日（木）　小麦粉粘土のあそび

まだ自分たちで何をつくるかイメージがわかない子どもたち。おとなが「おせんべいだよー」とつくると、「つくってつくってー」と話したり、まねしてつくってみたり、まだ経験が少ない子たちなので、まずおとながやってどうやって遊ぶかを伝えていく大切さを感じた。

6月20日（月）　砂場あそび

あや先生がそれぞれ楽しんでいる子に声をかけて、みんなが同じ空間でお店屋さんがはじまる。（中略）おとながあそびに誘い、店員とお客に分かれてなりきることであそびを楽しむことができた。（中略）おとなが仲立ちとなりながら、他の子ともあそびを広げていけるよう声かけをしていく。

このように保育者が子どもの前で遊び方などの手本を示したり、子どもがつくり出したイメージを他の子どもへとつなげる仲立ちをしたりすることで、子どもたちも次第に自らイメージをつくり、友だちと一緒に共有してごっこあそびを楽しむということができるようになっていきます。この成果も秋以降になって本格的にあらわれはじめるのですが、日々の子どもとの対話の積み重ねの中で、子どもの現在の発達要求を知り、それにふさ

わしい活動内容や働きかけを工夫していることが、この日誌からは見てとれます。

4）「本気」のこわさから「つもり」のこわさへ

　7、8月は暑い日が続いたため、散歩にはあまり出かけず、室内でのお店屋さんごっこや、積み木あそび、粘土あそび、プールでの水あそびなどが多くみられます。プールでは、動物になりきって遊んだり、水の中でジャンプをしたり、ペットボトルのコップに水を注いで、「はい、どうぞ」「ありがとう」のやりとりをしたりして楽しんでいます。こうした実践も後々ふり返ってみると、子どもたちの中で活きていることがわかります。たとえば、水の中を跳ね回るといった豪快さや大胆さは、後に自然の中を駆け回る姿となってあらわれてくるのです。

　9月になると、それまで広げてきた「こわいけど楽しい」世界を、鬼ごっこやルールあそびなどの集団あそびへと発展させていきます。

9月16日（金）　散歩
　最近赤ずきんのお話が好きで、オオカミが出てくるのを楽しんでいる。林の前を通るとオオカミが出てきそうになったので、長谷川、山本でオオカミの世界をつくり盛り上がる。みんなでオオカミのイメージの中で楽しみながら散歩をした。散歩に行くと、どの子もスッキリした表情で帰ってくることができる。「散歩が楽しい」につながってきている。

9月21日（水）　追いかけあそび～かくれんぼ～むっくりくまさん
　山本がおばけになると、一斉に逃げる子どもたち。ゆきお、ちほ、ゆうじ、ゆかり、じゅんもあや先生と逃げまわり、食べられないように必死な子どもたちだ。追いかけるおとなと、逃げるおとなに分かれたことで、子どもたちも「おばけに食べられないように！」と逃げることに徹して遊べた。そこから「もういいよー」とかくれんぼにつながり、隠れるみんなとあや先生、見つける山本に分かれてかくれんぼを全員で楽しめた。かくれ

んぼのルールがみんなわかるようになり、クラスが一体となり遊べた。「むっくりくまさん」も取り入れたが、はじめてだったのであまりわかっていない子もいた。少しずつかくれんぼのあそびの中にも取り入れていきたい。

　おばけやオオカミ、めめめんたまはこわい。こわいけど、それらを大好きなおとなや友だちと共有しながら、一緒に探しに出かけたり、「キャー」と声をあげて逃げることは楽しい。そうした様子がこの日誌からは伝わってきます。こわがらせる者とこわがる者、追いかける者と逃げる者、あそびの中でこれら２つの立場を役割として交互に演じ、楽しむことで、子どもたちはこれまで以上に「こわいけど楽しい」世界を広げ、その世界を基点に友だち関係もより深め広げることができています。追いかけあそびやかくれんぼ、むっくりくまさんといったルールをともなう集団あそびも、無理なく子どもたちの間に浸透していっている様子がうかがえます。
　ところで、このように集団で「こわい」世界を楽しめるようになる一方で、子ども一人ひとりに目を向けると、「こわい」世界をなかなか楽しめない子どもも、当然のことながら存在します。こうしろうくんはまさにそうした子で、10月の日誌には次のように書かれています。

10月3日（月）　こうしろうのこと
　こうしろうが食事時、「こうちゃん、『虹保育園ヤダー』ってママに言ったの」と言っていたので、「なんで？　オオカミとかおばけが来るから？」と聞くと「うん」。午睡前のひとあそびでも、みんなでオオカミごっこがはじまると、ろくぼくに本を持って行って一人でいる。「一緒にオオカミになっちゃおうか？」と誘うと、オオカミになってみんなを追いかける。自分に来ないようにオオカミ役をやっているとも思える。こうしろうが少しずつ楽しんでいけるようにしていきたい。（山本さんの記録）
　こうしろうの母親に、最近の園での様子を朝の送迎時に伝える。「オオカミがもしかしたらこわいのだと思う」と伝えると、「理由がわかれば安心です」と笑っていた（※数日前の連絡ノートに「園ではお友だちと遊べていますか？　少し心配です」という母親の記述があったため）。こあら組でのおばけごっこでは、こうしろうがつかまってしまうということもあり、オオカミごっこもこわいというのもあり、「保育園ヤダ……」になっていると推測す

る。本人も「こうちゃん、オオカミがこわい」と話している。こわいけど……つもりの世界の楽しさを感じられるよう、こうしろうの参加のしかたもこちらが援助し、「こわいからやらない」ではなく、どうしたら一緒に楽しめるかというふうに考えていきたい。（長谷川さんの記録　※部分は筆者）

　おばけやオオカミなど、こわいものを想像するだけで本当にこわくなってしまう。そんな姿を見せる子どもは何もこうしろうくんにかぎった話ではありません。日誌にも「おとながオオカミになると、とてもこわがる子どもたち。おとながやっているとわかっていてもこわがる２歳児」（10月６日（木））とあるように、ごっこと現実、ウソッコとホントがごっちゃになってしまうことは２、３歳の年齢ではよく見られることです。

　保育者はそうした子どもの心の状態をよく理解したうえで、それでも「こわい〈つもり〉」になって遊ぶことの楽しさ、こわい気分や雰囲気をみんなで味わうことの楽しさを思いっきり経験してほしいとの思いから、その経験のしかたをいろいろと工夫していきます。このあたりも、子どもとの対話をもとに子どもの現在の発達要求を把握し、ふさわしい活動内容や働きかけを創造している場面といえます。

　たとえば、10月６日（木）の日誌では、「『みんなでオオカミに変身して、坂口先生を食べちゃおー』と声をかけると、みんなオオカミに変身し、追いかけることを楽しんでいた。ゆかり、はやお、こうしろうもとても楽しそうに参加していた」とあります。追いかけられ逃げる側ではなく、追いかける側であるオオカミに変身してしまえば、こわさもかなり低減します。みんなでオオカミ役を演じる心強さもあるでしょうし、オオカミ役を演じながら、「これはつもりを楽しむあそびなんだ」という認識もより深めることができているのではないでしょうか。

　また、10月７日（金）の日誌には、「『オオカミをやっつけるぞー！』と子どもたちも意気込んでいたが、『むこうにいたぞー！』となるとみんなで逃げて、オオカミの世界を共有して楽しむ。おとながオオカミのイメージをつくり広げていくと、子どもたちも楽しめる」とあります。子どもとのかけ合いの中でも保育者がしっかりとあそびをリードして、おとながいる安心感のもとで子どもたちをあそびの楽しさの渦へと巻き込んでいっているようです。「本気」のこわさも楽しいあそびの渦の中で、少しずつ「つもり」

のこわさへと変化していくのではないでしょうか。

　こうした保育者による努力のかいもあって、こうしろうくんも少しずつおばけやオオカミの「本気」のこわさを克服し、みんなと一緒に「つもり」のこわさを楽しむことができるようになります。10月26日の日誌では次のように書かれています。

10月26日（水）　散歩
　オオカミの林の近くまで行き、全員が「この林はこわい！　オオカミがいるかも」というイメージを共有しながら、おとなが子どもたちを巻き込んで楽しんだ。（中略）途中、ざくろの実を見つけると「オオカミが食べたんじゃない？」と子どもたち。「だれか強い子、（ざくろを）持てる？」の声に、こうしろうが「こうちゃんが一番強い！」と自分で言い、手に持つ姿があった。

　ほんの1ヵ月ほど前には、「こうちゃん、オオカミがこわい」と話していた子どもと同一人物とは思えないほど、力強いこうしろうくんの言葉です。「本気」のこわさを克服し、少しずつ友だちと一緒に「つもり」のこわさを楽しめるようになってきたのでしょうか。その日の日誌には、「こうしろうは最近スッキリしている。こうしろうのすごいところ、輝いているところを友だちにも広めて、他の子も光っているところをおとなが声に出して引き出していきたい」という保育者の言葉もあり、みんなと一緒の楽しいあそびの中で、一人ひとりが少しずつ自分らしさを発揮して、育ってきている様子がうかがえます。

　こわがりながらもいつも「こわいけど楽しい」世界に参加していたこうしろうくんのことですから、本当はなんとかこの「こわさ」を克服したいと願っていたのかもしれません。仮にそうだとすると、保育者はこうしろうくんの表面的な言葉や行動の背景にある本当の願いを引き出し、その願いをかなえる手助けをしたということになります。いずれにしてもきっかけは保育者による日々のていねいな「子どもとの対話」にあり、対話から得られた子どもたちの姿を日誌にていねいに書き続けたことが後に意味を持ったととらえることができるでしょう。

5）くり返しじっくり遊ぶことで自信を深めて

　11月以降になると、これまで積み重ねてきた成果がさらにはっきりしたかたちで子どもたちの中にあらわれはじめます。

11月18日（金）　散歩
　最近、くり返し雑木林への散歩を楽しんでいる。（中略）どんぐりやＢＢ弾を拾ったり、木が削られているところは「オオカミが来たんじゃない？」と子どもたち。丸太のところでは、お店やさんごっこがはじまるが、たくは「一本橋渡れ」と歩きはじめる。つられて、はやお、ゆらも丸太渡りだ。しおりは車に見たてたり、じゅんは引き続きお店を楽しんだりする。くり返し同じところへ散歩にでかけることで、子どもたちのあそびが少しずつ変化してきている。一人ひとりが自分のあそびをじっくり広げていけるように感じた。これからもくり返し行ってみて、楽しんでいく。

12月16日（金）　散歩
　Ｋさん家の方面へ雑木林を抜けて散歩に行く。子どもたちが自分のあそびを広げて、林を走り回ったりジャンプで遊ぶ子や丸太でテーブルになっているところでスープや丸太を野菜に見たてて焼いてみたりして遊ぶ子、大きな丸太をおとなと一緒に手をつなぎながら歩く子などさまざまだ。くり返し雑木林へ行くことで、子どもたち自身であそびを見つけ広がってきていると感じる。子どもたちが自分の見つけたあそびをたっぷり楽しみたいと思っているように感じるので、十分に楽しめるようにかかわっていく。

　何度も散歩に出かけ、くり返しあそびを楽しみ、イメージや気分を共有してきたことで、子どもたち一人ひとりがつくり出すイメージも、すぐにピピピッと他の子どもたちに伝わって、同じ気分を味わって楽しむことができるようになっています。自然の中で自由に元気よくのびのびと表現してきたことで、あそびにも広がりが見えてきます。記録を通して日々実践をふり返り、見直してきた成果があらわれていると言えましょう。
　その後は子どもたちによる自然とのかかわりも、さらにダイナミックさ

を増していきます。

2月1日(水)　散歩
　小麦粉粘土をしてから雑木林へと散歩に出る。切り株テーブルのところで風が強く、じゅんが「かぜー!」と風に話しかけるかのようにすると、ゆかりがまねして「かぜー!」と叫ぶ。そこにしおりやはやお、ゆきおも入り、みんなで「かぜー!」と風を感じながら叫ぶ。すると、それに反応したかのように、風がザーと吹き、子どもたちも大喜び。自然を感じながら、(中略) みんなで楽しいを共有できた。

2月9日(木)　散歩
　畑の細道を通り、川沿いに抜けると、お茶の実拾いをしたり、橋を渡って川沿いを走ったり、葉っぱやお茶の実を流したりして楽しんだ。はやおやゆうじ、ゆら、じゅんは、ちょっとした崖も自分で降りてみたり、活発だ。れおん、しおり、ゆかり、あゆみは、川に拾ってきたものを流して「いっちゃったねー」と会話しながら水を楽しんでいる。花をひろって観察するあゆみ、れおん、しおりの姿もあった。外は寒いが、早めに散歩に出ることで、少し足を伸ばしてゆっくりとあそび、子どもたちも満足した感じだ。早めの出発をして、活動を楽しんでいきたい。

2月13日（月）　散歩

　雑木林までの予定だったが、最近は散歩が楽しいくるみ組の子どもたち。（中略）「こわいから逃げよー！」とその場のイメージをみんなで楽しんでから、川まで行った。川は車が来なくて、安全なので思いっきり楽しめる。草のところを走ったり、ひばり組のまねをして川ジャンプもした。下るのはこわいけど、そのこわさを乗り越えて、向こう岸に行けると、子どもたちもみんなうれしそうだ。スリルも子どもたちにとってはよい刺激だ。（中略）思いっきり体を動かし楽しんだ。

　同じ場所でくり返し遊ぶことによって、子どもたちも自然に対する自信を深めているのでしょう。走ったり、飛び降りたり、ジャンプしたりといった子どもたちの姿からは、自然とともにある子どもたちのたくましさが感じられます。2月1日の「かぜを呼ぶ」実践など、まさに感動的です。

6）子どもがキラリと光る瞬間

　もちろん、これまで何度もくり返し述べてきたように、子どもたちの成長・発達は右肩上がりにぐんぐんよくなるというわけではありません。たとえば、ちほちゃんはクラスで一番年上でいろいろとわかっている分、不安や緊張も強いようで、年度当初から母親との朝の別れの場面ではげしく泣く姿が頻繁に見られ、一人の保育者に「だっこー」と甘えてくるかと思えば、「イヤ」と拒否するなどの姿が日誌には再三にわたって登場してきます。実際、ちほちゃんは11月になっても、母親との朝の別れで大泣きし、その後もなかなか気持ちを切り替えられないといった姿が記録されています。しかしそんなちほちゃんも、いざあそびに夢中になるとそこへどっぷりと入り込み、友だちを巻き込んであそびをリードしていくといった姿を、一方では示します。1月の日誌では次のように記されています。

1月5日（木）　室内あそび

　食事後、ちほちゃんがギャロップやスキップらしきことをやりだしてい

た。「入れてー」と友だちが入るとリードをとりだし、「はい、転ぶ」「はい、ぶつかるー」「また走るー、また転ぶー」とリトミックあそびへ。「ちほ先生、次はどうしますかー？」とリード役を誘うと、とてもいい表情でやっている。じゅん、ゆうじ、ゆかり、しゅうじ、こうしろう、ゆきおも入っていた。

1月6日（金）　室内あそび
　ちほ……登園時のはげしさはあるが、遊び出してしまうとウソのようである。昨日のリトミックあそびを本日も。はやお、ゆきおも入ってきた。ちほはとてもいい表情でリードをとる。外でのうたあそびもリードをとっていて、「先生はここで待っていてください」「次はえーっと」など、司会者さながらである。

　まわりの友だちを巻き込んであそびをリードするちほちゃんの姿はそれ以降も頻繁に見られたようで、3月14日（水）の日誌では、「雑木林でいつものショーがはじまったが、ちほちゃん（いつもリードしている）不在のせいか、今ひとつ盛り上がらず」と記されています。朝は大泣きのちほちゃんが、友だちとのあそびとなるとキラリと光る一面を見せる。まさにこの時期の子どもの多面的な姿をあらわしていると言えるでしょう。
　子どもが示す行為には、すべて何かしらの意味があります。そして、子どもの内面は絶えず変化し続け、とくに2歳児は、一日の中でも、時間によって、場面によって見せる姿は多面的です。記録をとり続けることは、そうした子どもの行為の意味や内面の動きをとらえていくうえで、きわめて重要な意味を持っています。そして、そうして書き続ける日々の積み重ねこそが、保育を高めることへとつながっていくのではないでしょうか。
　さて、くるみ組としての最後の日である3月30日（金）の日誌には、次のように書かれています。

3月30日（金）
　今年度、くるみ組として生活する最後の日だったので、朝の集まりのようにして集まり、名前を呼んで、今日がくるみさん最後、次からはひばり組さんになることを伝える。ちほやしゅうじ、こうしろう、ゆきおなど、

月齢の高い子はわかっているようだったが、たくやしおり、れおん、ゆかりは、「自分の連絡ノートが欲しい！」と話を集中して聞くのはまだむずかしいようだ。その後は川へ散歩。大好きな友だちとつなぎたい、ちほやこうしろう、ゆきお。ゆうじとれおんはおとな（山本）とつなぎたいと手を取り合う姿もあるが、おとなとつながなくても、ちほ、ゆかり、こうしろうとしゅうじ、しおりとあゆみなど、友だち同士で歩くのを楽しむ姿もあった。とくにしおりは、「抱っこして」が多い。れおんも一度崩れると抱っことなりがちだが、一度しっかり受け止めてやることで、自分で気持ちの切り替えができるようになっていく。

川では梅の花が咲いているのを見つけたちほ、しゅうじ、ゆきお、こうしろう、ゆうじ。ゆかり、たく、れおんは川に石や葉っぱをポチャンと投げ入れるのを楽しんだ。そこから一人一本枝を持ち、釣りのようにして楽しんだ。今まではおとな2人で、川まで来るのも遠く感じたが、今では友だち同士で手をつないだり、体力もつき、どんどん歩けるようになってきた。確実にこの1年で成長してきたくるみ組の13人の子どもたち。来年度は幼児になるが、さらに成長していく子どもたちを楽しみにしている。

一年間の子どもたちとのさまざまなあそびや生活をふり返り、とにかくいろんなことがあったけど、子どもたちの成長・発達に喜びを感じ、明日への希望を確かに感じていることがうかがえる、そんな記録であると言えましょう。

❸ 保育づくりの要としての記録

1）子ども理解を深め共有する

以上、2歳児のあそびの中でもとくに散歩とごっこあそびに注目して、

計画と実践の展開過程における保育日誌の役割について考えてきました。

年間通して「こわいけど楽しい」世界をイメージし、みんなで一緒にワクワクドキドキの感情をたっぷり味わってきたあかねの虹保育園くるみ組の子どもたちですが、日誌をふり返ってみると、単なる保育者の一方的な思いつきや勢いだけで、この種のあそびが展開されているわけではないことがよくわかります。そこには、子どもたちにどのように育ってほしいかという保育者の明確な願いがあり、そのために実践をどのように展開していけばよいか、その時々の保育者による揺るぎない信念と創意工夫の姿がありました。そして、常に「子どもとの対話」を大切にして、子どもの姿をよく見て、子どものつぶやきにしっかりと耳を傾けて、表面的な行動や言葉の背景にある子どもの本当の要求を読み取ろうとする、そんな保育者の姿があったように思います。

保育者は子どもとの対話を日誌の中に日々書き続け、保育者相互の対話の中でとりあげ議論することで、子ども理解をいっそう深め、新たな実践に向けての取り組みを行っているのです。

2）あそびの「気分」をタイムリーにとらえ実践につなげる

また、ごっこあそび特有の気分という点で言えば、保育者はあそびの渦中で生じる子どもたちの気分をありのまま受け止め、それを自らの願いや信念、そして個性やひらめきと響きあわせながら実践を展開しています。以下では、そのことを今一度ふり返ってみましょう。

まずは4月から5月にかけて、身近な室内で、興味・関心のある少人数の子どもたちだけで「こわいもの」をイメージし、楽しんでいきます。少人数の子どもたちが中心ではありますが、その一方で保育者は、周辺の子どもたちがいつでもその世界に入っていけるようにと注意深く見守り、頃合いを見計らって誘いの言葉をかけるということも怠りません。「少人数」の楽しさが、少しずつ「クラス全体」の楽しさへと広がっていけるように、工夫や配慮をしているのです。

次に6月から8月ごろにかけて、「こわいけど楽しい」世界を本格的にク

ラス全体へと広げていくために、その舞台をおなじみの散歩コースへと広げていきます。「めめめんたま」の家は、「こわいけど楽しい」世界を広げていくうえでの格好の舞台です。保育者による即興的なしかけと劇的な表現が、その後の子どもたちの散歩をより楽しくスリルのあるものへと変えていきます。とは言え、そこはまだ2歳児。気分や勢いや雰囲気はピピピッとつながりあうものの、イメージとなるとなかなか容易ではありません。そこで保育者は、「自分もやってみたい」と思えるようなモデルや遊び方をわかりやすく示し、子どもとの間でイメージの仲立ちをするなど、さまざまな工夫や配慮をしていくのです。

　さらに9月から10月になると、ある一つのあそびのテーマを飽きることなく長期にわたって楽しんでいくために、保育者は追いかけあそびやかくれんぼ、鬼ごっこ、むっくりくまさんなど、子どもたちの前にあそびのバリエーションを提示していきます。このことは、子どもたちの一部で見られる、ごっこの世界のこわさを「つもり」ではなく「本気」で受け止めてしまう子どもに対する問題解決の方途の一つとしても機能します。集団あそびの導入は、ごっこのあそびの展開にアクセントを与え、役割を交互に演じるうちに、「本気」のこわさを克服して、「つもり」のこわさを楽しむことができるようになります。また、お決まりのパターンにのっとってあそびが展開されるため、イメージすることが苦手な子でも気軽にあそびに参加することができるようになります。これらの点を保育者がどれだけ意識し

ていたかはわかりませんが、保育者の日頃の子どもとの対話の積み重ねが、その実践の導入を選択させたのかもしれません。

そして11月以降になると、子どもたちによるイメージや気分の共有も、ずいぶんスムーズになってきます。それぞれが思いついたことを自由で元気にのびのびと表現し、自然とのかかわり方もダイナミックさを増してきます。これらは、これまでに何度もくり返し散歩に出かけ、ごっこあそびを楽しんできた、その経験の積み重ねが成果としてあらわれたものと言えますが、その他さまざまなあそびや活動の局面において、保育者が常に同じ目標の達成に向けて計画と実践をふり返り、目の前にいる子どもにふさわしい実践を創造してきたことの成果があらわれたものと考えられます。

2歳児のあそびをより充実したものにしていくためには、2歳児の彼ら特有のノリのよさと保育者の個性やひらめきが響きあう実践を展開していく必要があります。しかし、単に子どものノリのよさと保育者の個性やひらめきを響きあわせるだけでは、そのあそびはその場かぎりの思いつきや勢いだけで終わる危険性があります。そうならないように、今日の経験が明日へ、明日の経験がまた明日へとつながっていくようにするために、保育者は明確な願いや信念のもとに保育を計画し、意図的・計画的に実践を積み重ね、子どもとの対話や保育者相互の対話の中で実践をふり返り、計画を見直していくことが必要となります。その際、あそび特有の「気分」を書きあらわすことのできる日誌は、重要な役割を果たすと言えるでしょう。子どもたちの散歩やごっこあそびが、豊かな感情や感性で彩られ、愉快で楽しいものになっていくためには、やはり保育者が日々書き続けることが必要なのです。

第3章
学び合い育ち合う保育者集団づくり

❶ 私たちの園の歴史や文化をどう伝えていくか

　第1章と第2章では、対話と記録の大切さについて述べてきました。園独自の歴史や文化は、こうした対話と記録の積み重ねを通してつくられていきますが、保育を取り巻く昨今の状況を省みると、保育ニーズの拡大と多様化、それにともなう保育士の多忙化や非正規雇用の増加など、保育現場における対話と記録の機会の確保は日増しに困難になっています。園独自の歴史や文化をどのようにして次の世代へと伝えていくか、このことはどの園にとっても大きな課題であると言えましょう。

　学び合い育ち合う保育者集団を形成していくためには、互いになんでも言い合える対等な関係の中で、それぞれに意見を出し合い、考えを深めていくことが重要となりますが、時間の不足やすれ違いの日々がそれを許しません。保育者相互の伝え合いも、つい上から下へ、先輩から後輩へという一方向的な伝達に終始してしまいがちではないでしょうか。先輩の助言に対する「はい、わかりました。次からはそうします」という回答は、一見すると素直で潔く見えますが、その一方で、そこで助言の対象としてとりあげられている問題の意味そのものを、自分自身の経験や思いにまで十分に引き寄せて考えることができているかというと、疑問が残ります。

たとえば、2歳児クラスにおいて、あるあそびや活動をみんな同じように経験させるのか、それとも興味・関心を持った子どもにだけ経験させるのか、食事の開始や終了をみんなで一斉にするのか、それとも食べる準備のできた子から順に食べはじめ、食べ終わった子から順に「ごちそうさま」とするのかなど、こうした問題一つをとっても、単に「はい、わかりました。次からはそうします」ではすまない問題を本来的にはらんでいます。そして、実際のところ、担任同士の話し合いにとどまらず、どこの園でも程度の差こそあれ、こうした問題をどう考えるかについて、どこかの時点で園として検討され、「うちの園ではこうする」という園独自の文化をつくり上げていったという歴史があるのではないでしょうか。

　もちろん、園独自の歴史や文化と言うと、いかにも聞こえがよいですが、それらは常に受け継がれていくべき内容を持っているかと言えば、そんなわけではありません。たとえば、「散歩にもっと出かけていきたい」「じかに触れて感じる機会を広げるために、造形あそびをもっと工夫したい」など、保育者のやりたい思いがふくらんだとき、第Ⅱ部の各園のように「どんどんやりなさい」と後押ししてくれるような文化を持つ園であればよいのですが、保育者の主体性や独自性をあまり認めないような文化を持つ園であれば、職員配置や園庭・ホールの利用調整など思うようにすすまず、苦しむケースもあるのではないでしょうか。あるいは、保育者個人としては2歳児のふくらんできた自我をていねいに受け止めて切り返す時間をたっぷりと保障したいと思っていても、園全体としては「甘えには毅然と対応する」という方針が貫かれており、そのため先輩保育者の目が気になって、思うように抱っこもしてあげることができず苦しむというケースもあるものと思われます。

　このように、園独自の歴史や文化といっても、そのまま受け継ぐことがベストとはかぎりません。この場合、どの子の中にも「喜び」と「希望」を育てる保育になっているかどうか、今求められている保育園としての役割について考えたときにどうかなど、一歩踏み込んだ視点から検討を加え、変わるべきところは変えていく努力が必要になると思われます。そして、その時にもやはり重要なのは、それぞれに対等な関係の中で意見や本音を出し合いながら、学び合い、育ち合う保育者同士の関係ではないでしょうか。

第3章では、園独自の歴史や文化をどのようにして伝え合い、それにより、学び合い育ち合う保育者集団をどのようにつくっていくかについて考えてみたいと思います。保育者同士が、過去から現在、そして未来に向けて、「これこそが自分たちの園だ」というものをつくっていくうえで必要とされる対話のプロセスです。いったい何をどのようなやり方で話し合えばよいのか、どうすれば先輩や後輩といった互いの立場を超えた対等な関係性の中で話し合いをすすめていくことができるのか、どうすれば互いに学び合い、育ち合うことができるのか。以下では、第Ⅱ部第1章でもとりあげた岡山協立保育園での取り組みに着目し、この問題についてともに考えてみたいと思います。

黙々と

② 対話を通しての園づくり

1）話し合いの場をどのように保障するか

　岡山協立保育園は、全国初の医療生活協同組合を事業母体とする認可保育園として1966年に誕生しました。開園以来、「ひとりひとりの子どもを理解し、尊重する保育」と「地域に根ざし、安心して利用できる保育園づくり」を保育理念として園づくりをすすめていますが、近年では、保護者や地域の人々からの信頼や期待がいっそう高まり、これまでの保育を大切にしながら、より地域に貢献できるよう社会福祉法人化し、新しい事業の展開や園舎の建替えなどに取り組んでいます。

　定員は90名で、26名の職員のうち若手職員や臨時職員の占める割合が大きく、園の歴史や文化をどのように継承していくかはここ数年来の課題であると言えます。おもな園内の討議や研修の体制は次の通りとなっています。

職員会議（月1回、土曜日の午後）

半期総括会議（年1回、9月上旬の土日）
年間総括会議（年1回、3月中旬の土日）
方針会議（年1回、2月中旬の土日）
リーダー会議（月1回ほか不定期）
クラス会議（月1回ほか不定期）
園内研修（保育基礎学習会、事例検討会、保育観察など、不定期）
園外研修（県・市の保育協議会等の研修会・講演会、全国の研究集会・講演会・セミナー等への参加、不定期）

　それぞれ、さまざまなスタイルで話し合いが行われていますが、以下では、事例検討会、学習会、保育観察の3つの方法にもとづく話し合いを順にとりあげ、話し合い後の保育者による感想文をもとに、話し合いをきっかけとしてそれぞれの保育者の中にどのような学びや育ちが得られたかを探っていきたいと思います。

2）子どもの姿をどう見るか
事例検討会

　子どもをどう見るかは、その園や保育者がどのような子ども観や発達観を持っているかによって異なります。そして、その園や保育者がどのような子ども観や保育観を持っているかは、日々の保育行為のありようをつぶさに観察していくことでおそらく少しずつ見えてくるものと考えられますが、それ以上にもっと手っ取り早い方法として、ある特定の子どもの姿をどう見るかを検討することでそれらはくっきりと浮かび上がり、実践と結びついた学び合いのきっかけとなります。
　たとえば、岡山協立保育園では、次のような子どもの姿について話し合いを行っています。ある先生が最初にこのように切り出します。

「おやつの時間なんだけど、苦手なものがあってなかなか食べられんっていう子がどのクラスにもいると思うんだけど、3上クラス（3歳以上児クラ

ス）の子どもで、私が通りかかるといつも決まった子が最後まで残って食べているんよね。座っているんだけど食べられる雰囲気じゃなくって、でも、これ食べんと終われんよなっていう感じでは座ってて。

　早く食べたい子から食べに行って、食べ終わった子から遊ぶというのが日課になっているから、他の子はもう遊んでいるんだけど、その子だけがどうしても食べられん。本人的には食べないといけないのはわかっているから、そこに座っているんだけど、もう本当は食べたくない、あそびに行きたいって感じで。そういう子をどう見るか、どう見たらいいかっていうことなんだけど。

　まあ、これは一つの場面で、その他にも、うちのクラスで４月に新しく入園してきてなかなか食べられん子がいるとか、クラスが変わって担任が変わってなかなか食べなくなったとか、いろんな姿があると思うんだけど、それについてどう思うかを出し合って話し合ってみてください」

飽きることなく

　全体会でのこのような投げかけのあと、０・１歳児、１・２歳児、３歳以上児、給食の各部会にわかれて話し合いをすすめていきます。各部会は現在の担任ごとに振り分けられていますが、ベテラン、中堅、若手の考えをできるだけバランスよく聞けるように、部会ごとに園長をはじめ４人のベテラン保育者がそれぞれ万遍なく参加するようにしています。

　部会ごとに話し合いをすすめていくと、本当にいろいろな意見が出されます。「この子はこういう思いでそこにいたんじゃないかな？　だから保育者がこういうふうにかかわったほうがもっとよかったんじゃないか」「いや、こういうとらえ方もあるんじゃないの？」「うちのクラスでもその子と似たような感じでこういう子がいて」など、それぞれに思ったことを言葉にして表現し合います。ベテラン保育者は「むかしこういうことがあってね」「こういう子がいてね」という具合に似通った例を挙げながら、「その時はこういうことを話し合って、こういうふうにやったらこうだったんよ」「じつはこのときこういう議論をしたから、今こんなやり方でやっているんよ」など、今なぜそのようなとらえ方ややり方をしているのか、なぜそのことを大切にしているのかということを、自らの経験をもとに伝えていきます。

　しかし、そのように活発に討議する中でも、やはり若手の保育者は、自

らの経験のなさ、自信のなさを気にして、あるいはそのときその場面での問題そのものがリアルに感じられなくて、それについての自分なりの考えもとくに見当たらなくて、黙り込んでしまうことも少なくありません。中にはあまりにもたくさんの課題が見つかって、なおかつその課題そのものもなんだか自分にとってぼんやりとしていて、得体の知れないモヤモヤとした不安だけが残って、暗たんたる思いで会議を終えたという若手保育者もいます。

　今回の会議は、ベテランばかりの中でとても緊張した。
　「自分に何が言えるのだろう」「私が話すことって意味があるのかな」と思っていた。いつも自分の思いがまとまらず、だらだらと話してしまい、どうしたらあんなふうにまとめて話すことができるんだろうと、他の先生の話を聞きながら思っていた。
　クラスのこと、個人のことをみんなで話し合ったが、やっぱり当たり前のことだけど、自分と他の先生の考えは違うなって思った。私が思うことはみんなにとっては最初のほうのことなんだなと思った。
　以前、保育観察の中でアイコンタクトが少ないと言われたとき、「ちゃんと見てるよ」と思った。が、クラスに戻って子どもたちを見ると、自分が子どもを見ている以上に子どもはおとなを見ていたことに気づかされた。それから、目を合わせることを大切にしていったら、たかちゃんは自分でふとんに行き、おとなが来るまで待てたり、「見ているよ」と伝えることで、ふとんの中にじっとしていたり、自ら寝られるようになっていった。

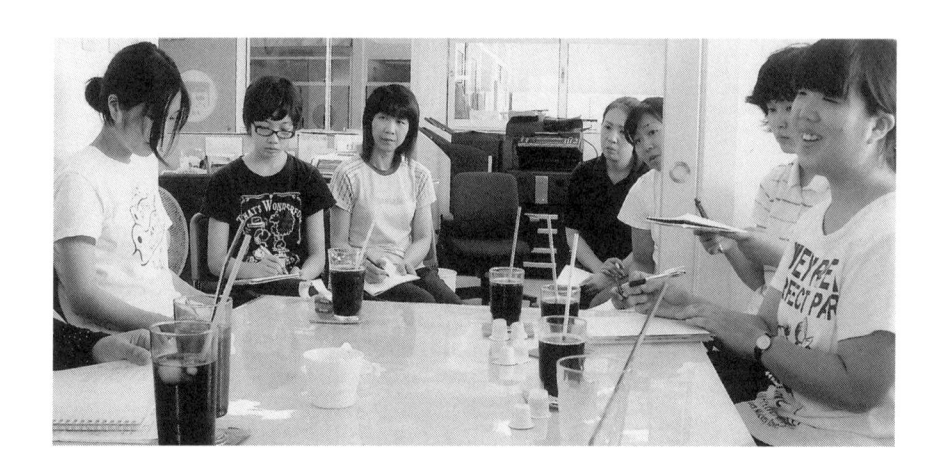

外にも出なくなった。遊べるようになっていった。自分では見ているつもりだったけれど、じつは見ていなかった。反省するときにいつも思うのは、「つもり」。毎日をつもり、つもりで過ごしてしまっているのかもしれない。何かが起きてしまってから、改めて見直すということをしないから、子どももつらいし、おとなも困ってしまうんだなと思った。

　後輩にもあまり伝えることができず、一日で数えるくらいしか話さなかったりすることがある。伝えないといけないのはわかっているけれど、「自分がはっきりとわかっていることしか伝えられない」と思ってしまう。２年目だし、リーダーだし、何も身につけていないわけではないのに、伝えることができない。リーダーになっていろいろと話す機会も増えてきて、少しずつ話せるようにはなってきたとは思うが、いつも自信がない。今、何が大切かを考えていかないといけないと思う。(後略)（梶谷真紀さん）

マジメに遊ぶ

　とはいえ、若いころのこうした「挫折」のような体験も、保育者の成長という長い視点で見ると、非常に大切なことであろうと思われます。自分の保育や子どもの見方をふり返り反省するという機会は、日々の保育の中で数かぎりなく経験するでしょう。しかし、単に「ああではなくこうすればよかった」「あっちではなくこっちのほうがよかった」というように、話し合いの場で正解だけを求めていくのではなく、自分自身はその子をどう見たのか、どのような意図をもってその保育のやり方を選択したのか、その一つひとつを突き詰めてていねいに問い直していくという機会は、そうそうあるものではありません。それは大変困難でしんどい作業にちがいありませんが、保育者の成長にとっては非常に大切なことなのです。このことはベテラン保育者にとっても同様で、会議のあとにこんな感想を寄せています。

　一つひとつの問題について、全員発言で話し合っていき、今日すごく頭を使ったなーというのが率直な感想だ。
　今までだって、私たちは子どもの問題について、どう見たらいいのかとか、どうすればいいのかという議論はたくさんしてきたと思うけれど、何回やっても同じことのくり返しだったのはなぜだったんだろうと考えさせられた。私自身も、今まではなんとなく人の話を聞いて、「そうそう」とか

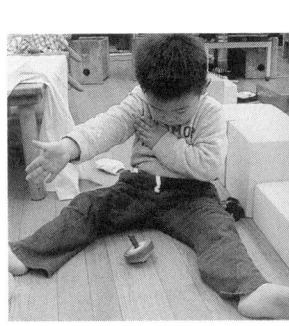

「ふーん。そういう考え方もあるんだ」くらいにしか受け止めていなかったし、わかったつもりになってしまっていた。でも本当はよくわからないから、うまくいかないことのほうが多かったりという失敗をくり返してきたんだと思う。今回の話し合いの中で、出発点は違うけど、一人ひとりが一つの問題についてどう考えるかを出していくことで、だんだんと何が大切なのか見えてきたし、自分の意見と相手の意見の違いはどこなのか、意識して考えることができたと思う。そのことってすごくエネルギーがいって、すごく頭を使って大変だったけど、自分の意見を言葉にして表現して、相手の意見との違いをはっきりさせることの中で、自分がどこまでわかって、どこがよくわからなかったのかとか、自分ってこんな人間なんだということがわかってきたように思う。一つひとつの問題について、どう自分がとらえているのかを明らかにすることから出発しなければ、次にどうしたらいいのかわからないんだということもよくわかった。私たちはそういう議論のしかたを今までしようとしていなかったし、訓練がいるんだと思う。でもやっぱり、すごくエネルギーがいっても、自分がわかるためには、そういう作業が必要なんだとつくづく思った。大変だけれど、一つひとつみんなの意見を出し合って、少しずつ積み重ねていって、わかっていくことはすごくうれしいことだなぁと思った。これからは自分の思ったことをもっと表現しようと思う。それにより、もっと自分のことを知りたいと思った。（森岡美穂さん）

　このベテラン保育者とは、第Ⅱ部第１章で登場した２歳児クラス担任の森岡さんです。その森岡さんが言うように、本音で語り合うこと、一つの問題について徹底的に取り組んで考えを深めていくこと、自分の意見と他人の意見はどこがどう違うのか意識して考えることは、自分自身と真正面から向き合うことであり、そのエネルギーの消費量たるや並大抵ではありません。

　かなりしんどい作業であることは確かですが、それでも得るところは大きいにちがいありません。自分を知ることでもっと自分のことが好きになり、それにより、相手のことをもっと知りたくなり、そうして子どもや保育に対しても今まで以上に真剣に、意識的に取り組むことができるようになる。そんな正の循環プロセスが、そこからは期待できます。

一人の気になる子どもの姿をきっかけに、思い思いに自分たちの感じたことや考えたことを出し合い、意見を交換し合う。こうした話し合いの場は、学び合い育ち合う保育者集団をつくっていくうえで大切なことであると言えましょう。

3）保育者としての「私」をどう見るか
学習会

　自分を知るということは、話し合いをすすめていくうえで重要なことの一つであるように思います。「どう思うか？」をたずねられたとき、それは一般的な意見を求められている場合もありますが、保育の場に関していえば、「あなたはどう思う？」と、あなた自身の言葉を求められているということになります。そして、そのあなたとは保育者であり、保育者としてのあなたがなんらかの理念や目標、子ども観や保育観を持ってそれを見たときにどう思うのかをたずねられていることにほかなりません。

　とは言え、保育者としての「私」を長年にわたる保育経験と保育者仲間との対話によって磨きあげてきたベテラン保育者とは異なり、まだ保育者になってほんの1、2年しかたっていない若い保育者にとって、「どう思う？」という先輩の質問は恐怖以外の何物でもありません。必死に頭をしぼって何かしらの答えをひねり出すものの、今度はそのひねり出した答えが果たして正しいのかどうか、その答えを言った私をまわりの人はどう見ているのかが気になってしかたなくなります。そこでとりあえずその場しのぎに、味も素っ気もない無味無臭のコメントをして、お茶を濁すといったことも少なくないように思われます。

　すると、ベテラン保育者は、もっと深みのあるコメントを引き出そうと、次のように質問を切り替えます。「私はこれこれこう思うんだけど、あなたはどう？」。このように具体例を挙げて話をふくらませようとするものの、今度は「なるほど。そうですね。私もそう思います」とまたしても当たり障りのない答えで返り討ちにあうといったことも、いかにもありそうです。

あれれ、いっぱい釣れてるみたい

若い保育者の胸の内に「保育者としての私」という意識をしっかりと刻みこんで、話し合いの場に主体的・積極的に参加できるよううながしていくためにはどうしたらよいでしょうか。その方法の一つとして、学習会が考えられます。学習会とは、たとえば1冊の本をあらかじめみんなで読んできて、そして、話し合いの場で互いに意見や感想を出し合い、内容の理解を深めていくというようなやり方です。ここではとくに、「保育者としての私」についての考えを深め合おうという問題意識のもとにとりあげられたある1冊の本の学習会での感想文をもとに、この種の話し合いの場において保育者は何を学んでいくのかを考えてみたいと思います。

　その本とは、加藤繁美さんの『子どもの自分づくりと保育の構造』（ひとなる書房）です。文字通り、乳幼児期における子どもの「自分づくり」の発達過程と、その発達を保障するための実践上の課題や保育内容の構造について、非常にわかりやすくていねいに描かれた本ですが、この岡山協立保育園での話し合いでは、とくに第1章にある保育者の4つのタイプの話に目が向けられます。

　ここでは保育観の二重構造として、保育実践を貫く「マクロの視点」（長期的見通しに基づく指導：子ども像、保育目標、保育内容・発達課題の構造）と「ミクロの視点」（短期的見通しで展開される指導：子どもの要求を感じ取る力、活動を展開するセンス）とが示され、両者の関係のありようによって保育者を4つのタイプに分類しています。各タイプの詳細については実際に著書をご覧いただくとして、ここではひとまず話し合い後の感想文を見ていくことにしましょう。まずはベテラン保育者の感想文です。

　この本を読んで、自分がどの保育者に分類されるかという点について自分なりにわかったが、それを認めたくなかった。というより、認められずにすぐ本を閉じてしまった。でも、会議を終えて、今日またこの本を改めて読んだとき、少しだけど自分のことを受け入れられるようになった。私には、（だってそうすることでもっといい自分になれることがわかったから、そのことが嫌でなくなったので）とても素直に読めて、私は私なりにここからすすんでいけばいいんだということが心からわかった。（中略）この本を読んで、私が今、現場でしていることの意味がわかったような気がした。私が大切にしていこうとしていることが少し具体的に理解できたような気が

する。

　子どものことがわかるとか、子どもの気持ちに寄り添うとか、いろんな言葉で言っていたが、本当は自分の中の建前であったし、本当にわかっていなかったから、真の喜びが私の中にはなかった。でも、急ぎ足で、ついていくのがやっとだったけれど、今日、０歳からの自我の育ちを改めて勉強したことは、今の私の中にとても素直に入ってきたし、自分なりに自分の中で吸収できたし、自分でもっと理解しようと思えた。日常的にやっていることを、ちょっとだけ自分なりに理解できそうな気がした。

　感想としてまとまりがなくなってしまったが、まずやっぱり自分、今の自分のことを見つめるということなしには、学習しても自分の身にはならないんだということがわかった。そして、今の自分を知ることでもっと学習しようと思えるし、そのことがこんなにも自分の中ですとんと落ちるのかということが、今日の勉強で実感したことだ。

　そして、自分がわかることで相手のことをわかろうとしたりできるし、そうしたら、そのことに力を入れて考えていく中で、相手との関係ができてくるんだとわかった。私が仲間に支えられ、ぶつかり乗り越えてきたことは、自分の中で自信につながっていたんだと、今日実感した。

　何を大切にして、実践の中でどうしていけばよいのかが少し見えてきたので、実践って失敗も多いけど楽しいし、素敵なことなんだと改めて思えた。この仕事に対して、自分は自分なりに誇りを持ってやっていきたいんだなと思ったし、職場のすべて、仲間を大切にしていきたいと思った。私はこれからも、自分で目の前の子どもの姿を見て、受け止め、自分なりに考えて、その子にとって大切な援助を、その場かぎりのその場しのぎでない援助を、就学前までの見通しの中で、失敗を重ねながらも、一つひとつ積み重ねていきたいと思った。（檀上艶子さん）

　この保育者が学習会を通じて学んだことは大きく３つほどあります。１つは、自分というものを改めてふり返り、正面から見つめ直すことで、以前よりももっと自分のことが受け入れられるようになったことです。ただ一人で読むだけではなかなか受け入れ難く、思わず本を閉じてしまったと最初にありますが、その後、同僚の保育者たちと語り合う中で、受け入れられなかったのは自分だけではなかったことを知り、また、さまざまな意

ぼくももっと釣ろう

見や感想を聞いていく中で、いろんな人がいていろんな受け止め方があって、それぞれがそれぞれなりに思い悩みながら保育をすすめているのだから、自分もそんな自分を受け止めて、自分なりにすすめていけばいいんだという具合に、思い直すことができたのではないでしょうか。

　2つめに、そのように自分を受け入れ、また自分がしている実践を理論という抽象的な枠組みを通して改めてとらえ直す中で、自分の実践の意味を確認でき、明日に向けて励まされると同時に、自分の自信へとつながっていったということです。先ほどの事例検討会の場合では、この理論そのものを学んだり議論したりすることは少ないと思われますが、こうした学習会では、自分が常日頃行っている実践を、抽象的な理論と照らし合わせることによって、自分の実践の何が問題であり課題であるかに気づくことができますし、自分の実践の意味を改めて感じて、保育という仕事に対する誇りをより強く感じることができたのではないでしょうか。

　3つめに、自分を見つめ直すという孤独な作業を、一人ではなく同じ志を持った同僚保育者との語り合いの場で行えるという喜びや感謝を感じることができているという点です。「実践って失敗も多いけど楽しい」という感想は、まさになんでも本音で語り合える保育者集団の支えがあってこその言葉であろうと思われます。この保育者にとって学習会という話し合いの場は、まさしく学び合い育ち合いの場となっていたと言えるのではないでしょうか。

　もちろん、先ほどの事例検討会の場合と同様に、若手保育者にとってはそのようにすんなりと学びや育ちが実感できる場となるわけではありません。ある若手保育者は次のような感想文を寄せていました。

　今回の勉強はとてもむずかしくて、いろいろな用語なども時間をかけてわかるという感じで、知らないことが多すぎるというのが実感でした。また、自分の保育者のタイプを意識するという部分に関しては、当たり前のごとく「わからない」という思いに駆られました。

　なぜなら、今の私はまだ、いろいろな先生のされている行動などをまねることしかできていないからです。しかし、今回の学習を通じて、学ばなければならないことがたくさんあるということはわかりました。その中で少しずつ自分の中で知っていること、わかること、学ばなければいけない

ことなどを、自分で意識して今後いっそう学んでいけたらと思います。

　この前の金曜日の４時30分から５時30分の１時間、私は一人でたんぽぽ組（１歳児クラス）を見ることになって、子どもの数も７人と多く、はじめから私は「どうしよう」という不安な気持ちでいっぱいでした。

　その日は朝から私の中でトラブルばかりで、本当に「どうしよう……」「どうしたら……」ばかり。山口先生（クラスリーダー）に相談したところ、保育士が落ち着くこと、保育士が自ら遊ぶこと、保育士の不安は子どもにはわかってしまうなどのことを教えてもらいました。

　しかし、頭ではわかっていても、なかなか自分の不安を隠すことができず、その１時間はずっと落ち着きなく子どもに映っていたようです。そんな私のせいで、その１時間、子どももいろいろトラブルをくり返して、子どもも私もパニックのうちに終わりました。自分の中で自信をもっともっとためていきたいと思っていた私の、そのためていた自信が全部崩された一日でした。

　それでも今回、勉強会に出て、いろいろ勉強したりする中で、失敗してもがんばろうという気持ちになってきました。また山口先生にいろいろと教えていただこうと思います。（切江麻実さん）

　自分が日頃している実践と理論とを照らし合わせて、と言われても、自分の実践そのものがまだ見えていない若い保育者にとっては、今回の学習会における学びそのものが、あまりにもむずかしくてついていけなかったようです。この保育者にとって、今回の学習会はとにかく自分の勉強不足を思い知らされた出来事であり、それと結びついて、保育者としての自信を著しく低下させた最近の出来事がここでは記されてあります。

　しかし、先ほどのベテラン保育者の感想文にもあったように、ベテランでさえもまだまだわからない、自信が持てないことがたくさんあって、そのことはおそらく話し合いの中でも、くり返し意見や感想として出てきたにちがいありません。若手保育者にとってはそうした事実そのものが、「自分だけではないんだ」「みんなそうなんだ」と思えて、励ましの種になったのではないでしょうか。まだまだ勉強が必要で、がんばろうという気にさせてくれる、これもまた話し合いの効用であるといえましょう。

２人ともいっぱい！　すごいでしょ！

4）「私の保育」をどう見るか
保育観察

　事例検討会では、ある特定の子どもの姿をきっかけとして、子どもをどう見るかが討議されました。また、学習会では、ある本をきっかけに、保育者としての自分をどう見るかが討議されました。それぞれに子どもの見方について考えを深め、保育者としての自分を見つめ直していく中で、自分の保育にも思いを寄せて、自分なりの考えを深めていったものと思われます。しかし、それらはいずれも間接的なものであり、自分の保育そのものを話題の中心において討議をすすめてきたわけではありませんでした。

　そこで、ここでは自分の保育を他のだれかに客観的に見てもらったり、他のだれかの保育を見たりする機会が与えられる保育観察に焦点をあて、それをきっかけとした保育者相互の対話を通じた学び合い・育ち合いについて見ていきたいと思います。

　他の人の保育を見させてもらうということは、多くの人にとって興味のあることであり、「こういうやり方もあるんだ」「私だったらこうするな」など、それぞれに自分の保育と照らし合わせながら考えを深めることができるであろうと思われます。一方、自分の保育を相手に見せる側にしてみれば、それはひどく緊張や不安をかきたてる出来事であり、「自分のこんな保育をみんなに見せていいのだろうか」「他の人は自分の保育をどう思っているのだろうか」など、心配が絶えないだろうと思います。それでも、日頃はあまり意識せずにごく当たり前のこととして行っている行為の一つひとつを見直して、自分が日頃している保育の意味を改めて整理して意識的に行っていく機会を与えられたのだと前向きに受け止めて、気をひきしめて臨んでいる人がほとんどであろうと思われます。

　問題は、その後の討議のやり方です。他園の保育者も含めた公開保育の場合、その後の討議では保育を見させてもらったことに対する感謝のコメントや見させてもらった保育の内容に対する賞賛のコメント、そしていくつかの気づきや疑問にもとづく質疑応答というのが通常の展開であろうと思われます。そこでは多くの場合、他園との保育を通じた交流が主たる目的とされ、互いに言いにくいことでもどんどん口にして、厳しい意見を出

し合っていくといった本音と本音のぶつかり合いの姿はほとんど見られません。言ってみれば、表面的なやりとりにどうしても終始してしまいがちなのです。園内の内輪の保育者だけによる保育観察の場合でも、そうした姿は往々にしてみられますが、先にとりあげたような事例検討会や学習会などを通じて、互いに対等な関係の中で言いにくいことでも口に出して言い合う、本音と本音をぶつけ合うという経験を積み重ねている場合には、表面的ではない、深いレベルでの保育者同士の学び合い・育ち合いが期待できるものと思われます。

　たとえば、岡山協立保育園の場合には、ある時の２歳児クラスの保育観察で次のようなことが話題となりました。以下は、保育を観察した保育者の討議後の記録です。

　２歳児クラスに７月から入園してきたみずきちゃんはとても賢くて言葉の発達した女の子でした。お母さん、おばあちゃんの言うことがよくわかり、あえてその言うことに応じず家族をよく困らせていました。担任との関係はよく、みずきちゃんも家で担任の話をしたり、園でも担任を求め、その存在を受け入れているようでした。

　この日（保育観察）のお昼ご飯に金時豆が出ました。みずきちゃんが金時豆を嫌いなことはすぐにわかりました。なぜならこの子のお皿には、盛りつけの際に金時豆が一つしか入っていなかったからです。様子を見ていると、食事でごちそうさまをするまで、担任はみずきちゃんに金時豆を食べるよう働きかけませんでした。そして、みずきちゃんはそのまま金時豆を食べることなく、ごちそうさまをしてしまいました。

　その時、私は「担任は本当の意味で、みずきちゃんのことを理解しているのだろうか？」と疑問に思いました。みずきちゃんの好き嫌いを含む特性は知っていても、この子の現在の発達水準を把握し、成長・発達をうながすための取り組みが本当にできているのだろうかと感じました。

　子どもを受け止めるということは、子どものありのままの姿を把握し、認めることだと思うのですが、そこでとどまっていてはいけないと思います。保育士は子どものありのままの姿を知ったうえで、言葉でその思いを表現し受け止める。そしてその次に、その子の心の間口を広げる取り組みを行うべきではないでしょうか。

自分ではけるよ

保育士が子どもの心の間口を広げるためには、保育士の願いを子どもに伝え、心を揺さぶることが大切なのだと思います。子どもの立場からすると、保育士の思いを知り、自分の中にその思いを取り入れるかどうかの「葛藤」が生じます。しかし、それを受け入れることができたとき、保育士にも子どもにも相互に喜びが生じ、互いにそれまで以上に深い関係が築けるのではないかと思うのです。そして、こうして心の間口が広がることで、子どもは自分自身によりいっそう自信を持つようになると思います。
　子どもの要求には、「要求の二重構造」と言われる構造があります。子どもの言っていること、していることをそのまま受け入れるのではなく、子どもの本当の願いはどこにあるのかを考え、子どもの心がどこに向かって成長していくのかを見届けることが、保育士には必要なのだと思います。子どもの心を揺さぶったあとは、その出来事の結果だけを見るのではなく、その後の様子も引き続き見ていく必要があります。私たちは実践者です。だからこそ自分の働きかけた結果を最後まで見届ける必要があるのではないでしょうか。
　子どもを尊重するとはどういうことなのか。子どもの成長・発達を保障するためには、子どもの心をありのままに受け止めることに加えて、子ども自身の行為を映し出し、よりよい自分になれるよう導いてやることが必要なのだと思います。(坪中弘子さん)

　保育観察後の討議では、ここに記されているように、担任保育者に対して、「本当にみずきちゃんのことを理解しているのか？」といった、かなり厳しい指摘がなされました。その後の討議の内容は、まさにここに記されている通りなのですが、本音と本音とをぶつけ合う、かなり深いレベルでの討議がなされていることがうかがえます。
　保育観察のよいところは、その日見た子どもの姿や保育に対して直接的に意見や感想を述べ、質問や疑問をぶつけ合うことができる点にあります。ぶつけられたほうの保育士も、その日自分自身が見た子どもの姿や行った保育をふり返るわけですから、かなり細部にわたってリアルにふり返ることができます。そのとき自分が子どもの姿をどう見て、どう考えてその保育の方法を選択したのか、そのとき感じた葛藤も含めて質問者に返していくことができます。

また、自分がしている保育を客観的に第三者の目を通してみてもらうことで、保育をしている当事者の視点からは見えなかった部分について、新たに考えを深めることができますし、当事者がふだん何気なく行っている行為の中にも、第三者の目を通すと、じつは非常に有益な意味があるということがわかったり、日頃の保育を見直す数多くの契機がもたらされるものと思われます。

　さらに、複数の担任保育者を束ねるリーダーの立場からすると、保育観察には次のような意味もあるようです。再び2歳児クラス担任の森岡さんの感想文を見てみましょう。

　客観的にクラスの保育を見てもらうことで、日常の保育の中では気がつかないこと、意識していない部分が明らかになり、勉強になった。とくに、保育士一人ひとりの遊び方の違い（経験が違うので、違いは出て来ると思うが）については、ふだんはそれぞれの役割分担で動いていることもあり、気にはなっていても十分に把握できていないのが現状で、見てもらって指摘されることで、その違いをはっきりと感じることができた。

　自分自身の保育も、慣れの中で意識せずに出てきた言葉かけやあそびの展開のしかたなど、その日の保育をていねいに追ってどうだったかを話してもらう中で、自分が行ったあそびにどういった意味があり、子どもにとってどうだったかをより意識することができた。

　経験の違いがあり、子どもの理解の水準も異なる保育者集団の中で、毎日の保育における子どもへのかかわり方やあそびの展開のしかたについて、若い保育士に伝えていくよう努力しているものの、見えていないことのほうが多く、どう伝えていけばいいのかが今の悩みである。

　お互いの保育の違いを明らかにしていく中で、どこがどう違い、それがなぜ大切なのかをクラスの中で話し合い、統一していく作業をていねいにしていかなくてはと改めて思った。そのために保育観察は必要であるし、ビデオを撮っての保育検討も今後していきたいと思った。（森岡美穂さん）

　このように、クラスリーダーを務めるベテラン保育者からすると、日頃の保育の中ではなかなか目を配ることのできない同じクラスの若手保育者の動きなどを改めて第三者から伝えてもらうことで、これからのクラスの

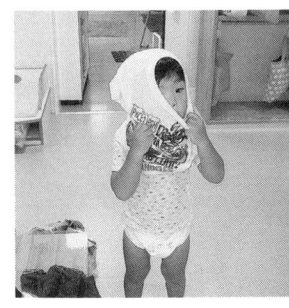

それならぼくも

課題がより明らかとなるといった効果も期待できるようです。もちろん、その場合も、単にベテラン保育者から若手保育者に向けての一方向的な伝達といったかたちをとることなく、クラス会議の場を利用して、できるだけなんでも言い合える自由でくつろいだ雰囲気の中で、討議をすすめる努力をしていくものと思われます。

一方、若手保育者からは次のような感想文が寄せられています。

　自分自身がまだ一日の流れをつかめていなかったり、部屋の環境に慣れていなかったので、自分がどう動いたらいいのか、部屋をどう使っていくのかわからなかったが、保育観察をしてもらい、客観的に見た立場の人からアドバイスをしてもらうことで、「あの場面ではこう動くこともできたのか」とか、「あそこの環境はこうしたら使いやすくなるのか」など、知ることができた。自分のことだけして、他の保育士の動きなど見えていなかったことがたくさんあったなと思った。

　また、クラスの中でわかっているようでわかっていなかったことなども、質問されることで自分が理解していないことがわかったし、小さいことでもクラスの中で統一させていかないといけないなと感じた。

　それから保育観察ということで、いい意味で緊張感が持て、一つの動きについても意識しながら取り組めたと思う。「今日はこのことを頭において保育しよう」とか、「ミルクを飲ませるとき、オシメを交換するときは声をかけながら一つひとつていねいにやっていこう」など、意識して接することができたのでよかった。また、「次はこうしてみよう」とか、「あんなふうにしたらいいのかな」など、次への課題も出てきて、自分なりに考えられる場にもなったと思う。（田川優子さん）

　ある特定の事例から、「こんなときあなたならどうする？」「あなたも似たような経験ない？」と問われる事例検討会や、本を読んでの感想や意見を求められる学習会にくらべて、その日の子どもの姿やその日自分がした保育が話題となる保育観察は、若手保育者にとってもより具体的で、討議に参加しやすいのかもしれません。前者２つにおける若手保育者の感想文とくらべて、今回の感想文のほうがより内容が充実し、本人的にも今後に向けて明るい未来を感じさせてくれる内容となっているのは、そうしたとこ

ろによるものと思われます。

　いずれにしても、第三者の目を通じて自分の保育を見てもらうことで、子どもの見方やあそびや生活の支援という点で自分に足りなかったことはなんだったのかがより明確になったようですし、日頃悩みながらもなかなか答えが見つからなかった子どもとのかかわり方についても、示唆に富んだ意見をもらうことができたようです。加えて、理念や目標、方針、子ども観、発達観、保育観などについても、抽象的ではなく具体的な子どもごと場面ごとに関する意見や感想を出し合い、話し合いをすすめていくことで、園全体やクラス全体で共有していくことへとつながっていくものと思われます。

　以上のように、保育観察もまた、園の歴史や文化を次の世代へと伝えていきながら、学び合い育ち合う保育者集団をつくっていくという課題において、大きな役割を果たす話し合いのすすめ方であると言えましょう。

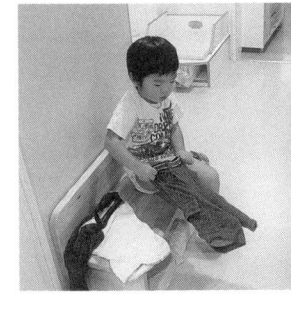

❸ 保育の未来に向けて

一人でやるんだぞ

　以上、本章では、園独自の歴史や文化をどのようにして伝え合い、それにより、学び合い育ち合う保育者集団をどのようにしてつくっていくかについて、とくに事例検討会、学習会、保育観察という３つの話し合いのすすめ方に焦点をあてて、考えを深めてきました。いずれも、先輩や後輩といった垣根を越えて、互いに言いにくいことでも言い合えるような対等な関係性、だれかの意見や考えの単なるコピーではなく、自分自身の感覚を通した意見や考えを出し合うといった当事者意識、さらには、それでいて一人ひとりの違いを認め合いながらも互いによい保育者であろうと高め合う集団意識というものが、そこからは感じとれます。

　近藤薫樹さんと近藤幹生さんによる共著『挑まぬものに発達なし』（労働旬報社）を読んでの学習会後の感想文において森岡さんはこんなことを述べています。

近しげ先生の『挑まぬものに発達なし』の中で、「自分は『未完』であるとの意識」が大切ということが書かれてあった。また、「あなた自身の人間性を経由しないどのような保育、教育もあり得ない」ということも書かれてあった。後者のほうについて、私は、子どもの人格をつくっていく仕事をしている者として、自分がどういう人間であるかが、子どもに影響するということも以前聞いていて、そのときは、そうであるとしたら、自分はいつも正しいことを伝えられる、いい人間でなければならないのではないかというふうにとらえていたし、だから、そういう人間ではない、うまくいかない自分を受け止められなかったのではないかと思う。人間には醜いところもあるし、失敗することもあるし、感情的になってしまうこともあるし、よく考えてみれば、そんな人間のほうが人間臭くていいよなって思えてくる。「自分は『未完』な存在」でいいんだと思えば、気持ちも楽になる。まわりの人たちや子どもたちに対してもやさしくなれる。今、悩んでいる子どもたちも、自分の将来についても、決まってしまったことじゃなくて、まだまだこれから、自分の意識次第で変えていけるし、変わっていけるんだよっていうことがわかれば、もっと生きていくことが楽になってくるんじゃないかなと思った。私たちおとなが子どもたちにそういうメッセージを伝えてあげることが大切だと思った。（森岡美穂さん）

　ここで森岡さんは、「あなた自身の人間性を経由しないどのような保育、教育もあり得ない」という近藤薫樹さんの言葉を重く受け止めながらも、「自分は『未完』であるとの意識」が大切との言葉から、保育の未来に向けて明るい展望を感じています。自分は「未完」であると思えば、たとえ不器用で感情的で、日々反省のくり返しである自分だとしても、それも自分として受け止めることができる。まわりの人たちや子どもたちに対してもやさしくなれる。これからも変わっていける自分に希望が持てて、生きていくことが楽になる。これは森岡さん自身が子どもたちに伝えていきたいメッセージであると同時に、次の世代を担う若い保育者たちに、ともに自分たちの保育をつくっていく同僚の保育者たちに伝えたいメッセージであるものと思われます。
　先人たちが悩み苦しみながらつくってきた保育の歴史や文化を確かに受け継ぎながらも、自分たちなりの感覚や考えを持って自分たちの保育をつ

くっていくためには、先ほど述べたように、対等な関係性や話し合いの場への当事者意識、認め合い高め合う集団意識というものが大切ですが、そのことを重く受け止めつつも、決して暗くならず、明るく前向きに子どもや保育の未来について語り合う、そんな姿勢こそが大切なのではないでしょうか。

　子どもたちが日々のあそびや生活の中で自らの成長・発達に「喜び」や「希望」を感じ、また、仲間とともに笑い合い涙しながら過ごす日々に「喜び」や「希望」を感じながら、そして、仲間との対話の中にさまざまな困難への解決の糸口を見出していけるような、そんな「対話的主体」へと育っていきますように。本書がその一助となることを願ってやみません。

文　献

・加藤繁美（1997）．子どもの自分づくりと保育の構造．ひとなる書房．
・加用文男（1994）．忍者にであった子どもたち：遊びの中間形態論．ミネルヴァ書房．
・近藤薫樹・近藤幹生（1988）．挑まぬものに発達なし：近しげ先生の子育て人間論．労働旬報社．

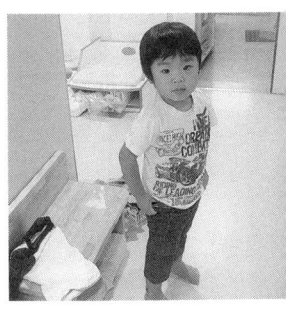

やり遂げた姿は誇らしげ

あとがき

　保育の記録などを読み返し、当時の保育が鮮明に思い浮かびました。そして文章にすることでより深くその当時の保育をふり返ることができました。
　2歳児の特徴である「イヤイヤ」「こだわり」「友だち同士のトラブル」など、毎日のようにありましたが、児玉先生や山本先生、坂口先生などと連携を密にとることで、よりいっそうあそびが盛り上がり、"子どもたちと一緒"に楽しい保育をつくっていくことにつながっていったのだと改めて気づかされました。担任間の連携がいかに大切か！　このことを胸に留めながら保育していきたいと思います。

長谷川あや（あかねの虹保育園）

　じつは2歳児を担任するのは約20年ぶりで、2歳児の保育経験はないに等しいぐらいでした。園内で2歳児のことを話し合っていた時のことや、発達の本に書いてあったことをひもときながら、「2歳児って本当にそうなのかな？」を実践して確かめてみた1年でした。"あこがれの気持ち"をどれだけふくらませるかをキーワードに実践し、実践記録をまとめていく中で、一人ひとり違うけれど、その子なりの大きくなりたい願いがあることに気づくことができました。大変な作業だったけど、自分のやっていることの意味づけが少しでもできたのかなと思います。
　私たちの園は開園当初から子どものことについて職員集団で真剣に話し合うという園の文化がありました。自分の考えを集団の中で語り、聞いてもらい、考えを整理してもらったり、違う意見を聞いたりする中で、私自身の子どもを見る目を育ててもらったように思います。保育の中で行き詰ることもあるけれど、これからも、仲間と対話する中で目の前が明るく開かれてくる、そんな経験を共感し合える園の文化を築けていけたらと思っています。

森岡美穂（岡山協立保育園）

　この仕事をお引き受けしてから4年半の月日が流れました。今では私も4歳の娘ともうすぐ2歳の息子の2児の父親になりました。本書の執筆のお話をいただいたときには、正直かなり戸惑いました。何しろそれまで、2歳児とかかわる機会はほとんどなかったからです。最初の編集会議のとき、監修者の加藤繁美さんと神田英雄さんが「ぼくら2人が園長先生で、ここにいるみんな（各年齢の執筆担当者）が各クラスの担任で、これから一緒に新しい園をつくっていくっていう、そんな感じでやっていきましょう」という話をされました。そのときには「ふーん、新しい試みだなぁ。なんだかおもしろそう」くらいにしか考えていませんでしたが、ことの重大さにはその後すぐに気づくこととなりました。
　「2歳児とは？」「2歳児にとっての喜びや希望とは？」「その育ちを支える保育の実践とは？」「計画と実践の関係とは？」などなど、あまりにも考えることが多すぎて、何度もパンクしかけました。それでも、たくさんの子どもと出会って、保育を見させてもらって、保育者から話を聞いて、膨大な資料を読ませてもらって、また自分でも実際に子どもを育ててみて、思ったのは「2歳児ってやっぱりおもしろい！」「子どもとつくる保育って楽しい！」ってことでした。そんな2歳児保育のおもしろさや楽しさが、この本ではたくさん伝わるといいなと思います。
　とにかくこの4年半の間、数え切れないほどたくさんの方々にお世話になりました。とりわけ、あかねの風とあかねの虹保育園、岡山協立保育園の保育者のみなさんには、実践ややりとりを通してずいぶん学ばせていただきました。本当にありがとうございます。最後に、この本はひとなる書房の松井玲子さんの熱意と忍耐なしには完成しませんでした。4年半という当初の予定をはるかに超えた長い時間、辛抱強くおつきあいいただき、本当に感謝しています。ありがとうございました。

富田昌平

監修者紹介

加藤繁美（かとう　しげみ）
1954年広島県生まれ。山梨大学名誉教授。著書に『保育者と子どものいい関係』（ひとなる書房）、『対話的保育カリキュラム　上・下巻』（同前）、『希望の保育実践論Ⅰ　保育の中の子どもの声』（同前）、『0歳～6歳　心の育ちと対話する保育の本』（学研教育出版）、他多数。

神田英雄（かんだ　ひでお）
1953年埼玉県生まれ。元桜花学園大学教授。2010年3月、急病にて逝去。著書に『0歳から3歳』（ちいさいなかま社）、『3歳から6歳』（ひとなる書房）、『伝わる心がめばえるころ』（かもがわ出版）、『保育に悩んだときに読む本』（ひとなる書房）、『育ちのきほん』（同前）、他多数。

編著者紹介

富田昌平（とみた　しょうへい）
1974年広島県生まれ。三重大学教育学部教授。著書に『幼児期における空想世界に対する認識の発達』（単著、風間書房）、『子どもの心的世界のゆらぎと発達』（共著、ミネルヴァ書房）、『空想の翼と信じる力』（翻訳、ミネルヴァ書房）等。

実践執筆者一覧 （所属は執筆当時）

第Ⅰ部
2歳児の保護者（岡山・元気っ子共同保育所）
頭金　多絵（元東京・墨田区立保育園）
草苅　啓之（東京・高砂保育園）
本田真知子（神奈川・私立保育園）
松家由里子（岡山・高島第一保育園）
小野田晴美（岡山・岡山市立保育園）
長谷川あや（埼玉・あかねの風保育園）
宮澤麻梨子（埼玉・あかねの風保育園）
川上ちひろ（埼玉・あかねの風保育園）
森岡　美穂（岡山・岡山協立保育園）
永村　由香（東京・青戸福祉保育園）

第Ⅱ部
森岡　美穂（岡山・岡山協立保育園）

中嶋　里美（東京・荒川区立南千住保育園）
庭山　宜子（東京・荒川区立荒川さつき保育園）
長谷川あや（埼玉・あかねの風保育園）
児玉　朝子（埼玉・あかねの風保育園）
平井　由美（岡山・岡山市立神下保育園）
山口　陽子（元京都・くりのみ保育園）
安曇　幸子（東京・豊島区立保育園）
板庇　昌子（京都・一乗寺保育園）

第Ⅲ部　資料提供
社会福祉法人さやまが丘保育の会
あかねの虹保育園
社会福祉法人にじのこ福祉会
岡山協立保育園

本書には現場の保育者の手で記録されまとめられた保育実践・事例を数多く収録しています。ご協力いただいたみなさまに心より感謝いたします。なお掲載にあたっては、プライバシーに配慮して子どもの名前は仮名とし個人を特定する事実関係は一部変更しています。また本書の流れに合わせて適宜要約しています。（編著者）

表紙写真／川内松男
カバー装画／おのでらえいこ
本文イラスト／せきしいずみ
本文写真／岡山協立保育園、あかねの風保育園、あかねの虹保育園、
　　　　　一乗寺保育園、他
巻頭付録写真／第一そだち保育園、第二そだち保育園、あかねの風保
　　　　　　　育園、あかねの虹保育園、岡山市立神下保育園、他
装幀・本文デザイン／山田道弘

子どもとつくる２歳児保育──思いがふくらみ響きあう
2012年8月30日　初版発行
2025年5月10日　九刷発行

監修者　加藤繁美・神田英雄
編著者　富田昌平
発行者　名古屋　研一
発行所　㈱ひとなる書房
東京都文京区本郷2-17-13
広和レジデンス
電話　03-3811-1372
Fax　03-3811-1383
hitonaru@alles.or.jp

©2012　印刷・製本／中央精版印刷株式会社　ＪＡＳＲＡＣ　出1209237-201
＊落丁本、乱丁本はお取り替えいたします。